ハマスの実像

川上泰徳

Kawakami Yasunori

目次

ムスリム同胞団の起源と、パレスチナとの関わり／イスラエルの独立と「ガザ」の誕生／ヤシーンの生い立ち／「ファタハ」の結成／ハマスの〝人材養成機関〟イスラム大学の設立／「ハマスはイスラエルによってつくられた組織」？／武装闘争に踏み切った二つの要因／1983年の秘密会議／軍事部隊ができたのはインティファーダの3週間前だった

第3章 武装闘争の始まり

PLOの声明は1か月後／PLOとハマスの微妙な関係／二つの軍事機関を創設／「101部隊」による、初のイスラエル兵殺害／イスラエルによる過酷な拷問／ヤシーンは殺人を許すファトワを出していた／政治部門と軍事部門は出自が違う

第4章 人々を支える社会慈善運動

第5章 カッサーム軍団と殉教作戦

在外組織に政治的な決定権を与える／ハマス活動家のレバノン南部大量追放事件／暗殺の危険を回避する戦略／選挙前に自爆作戦を一時停止／ハマスの選挙公約／アラブ世界で初めての民主的な政権交代／積極的な情報発信／ファタハとの連立政権は瓦解

第8章 ハマス支配と封鎖

あふれる失業者／ハマスの財源とは？／「ファタハが助けるのは自分たちの仲間だけ」／密輸トンネルによる「地下経済」／財源の50％は、トンネルから入ってくる物資にかける税金／「ハマスの統治に問題はあるが、ファタハのように腐敗していない」／「アラブの春」以降の追い風／アラブ世界がイスラエルを止めた。だがその後……／2015年のガザで見た「絶望」／18歳から25歳の失業率は65％／欧州への脱出を企てる若者

地図・年表作成／MOTHER
文中の年齢は、原則、取材当時のものです。

はじめに

２０２３年10月７日。ユダヤ教徒の安息日である土曜日の朝、防弾チョッキをつけ、自動小銃を構えた私服姿の集団がイスラエル南部の町を襲った。その場面を記録した街角や農場の監視カメラには、銃を連射しながら血だらけのシャツの若者を連行する姿や、乗用車の横で倒れて足を動かしている男性に向けて銃を撃って走り去る場面が映っていた。

米国公共放送サービス（ＰＢＳ）のテレビで放映されたのは、パレスチナ自治区ガザを拠点とするイスラム組織「ハマス」の武装メンバーがイスラエル南部で開かれていた音楽イベントを襲撃するシーンである。

このイベントは前日の金曜夕方から夜を徹して行われ、数千人が参加していた。７日午前６時過ぎに襲撃が始まり、２６０人が殺害され、かなりの人数が連行されたという。襲撃の時、近くの藪（やぶ）の中に逃げて７時間隠れていたという若者は、兄弟を殺害されたと語った。彼は政府の予備役の召集に応じると続け、「復讐（ふくしゅう）しなければならない。ガザという地名は地図から消えるだろう」と語った。

イスラエルは「国内の死者は１４００人（のちに約１２００人と修正）、連行された人質は２４０人を超える」と発表した。３０００人を超えるハマス戦士による越境攻撃について、インターネットに登場したハマスのスポークスマンは「アルアクサー洪水作戦は、いままさにいくつもの方面で英雄的な戦いを継続中である。ジハード（聖戦）には勝利か殉教しかない」との声明を出した。

私は新聞社の中東特派員として、１９９４年からガザ自治区を数え切れないほど訪れている。地中海に面した41キロの海岸線に沿った、奥行き6キロから12キロの平らで細長い場所である。ガザの人々は私のような外国人ジャーナリストの取材にも快く答えてくれる。厳しい状況に置かれているのに、なぜ、こんなにこだわりなくよそ者を受け入れることができるのだろう、と行くたびに思う。それはガザが古代からエジプトとシリアをつなぐ交通の要所であり、古代のアレクサンダー大王も、近代のナポレオンも通った場所でもあり、人や文明が行きかってきた歴史があるからであろう。

そんなガザの若者たちがイスラエルの市民に非情な暴力をふるうのを見るのは、私にとってつらいことだった。しかし、何がガザの若者たちを悲惨な暴力に駆り立てたのか。そう考える時、パレスチナ人が1967年以来、半世紀以上にわたってイスラエルの軍事占領という暴力のもとに、特にガザは2007年から非人道的な封鎖下に置かれ、「天井のない監獄」と呼ばれる状況に閉じ込められてきたことを考えないわけにはいかない。何もないところから暴力が生まれるわけではないのである。

イスラエルメディアはハマスの越境攻撃を、1973年10月6日の第4次中東戦争の緒戦の敗北にたとえた。エジプト軍がスエズ運河を渡って奇襲をかけ、当時イスラエルが占領していたシナイ半島にいたイスラエル軍が撃破され、イスラエル政府は核兵器の使用さえ検討したとされる。その時と同様の最大の危機の再来ととらえたのである。

越境攻撃の後、イスラエル首相のネタニヤフは正式に「宣戦布告」を行った。治安閣議の中で「敵にすさまじい代償を払わせる」と述べ、「ハマス殲滅（せんめつ）」を掲げた。国防相のガラントは「ヒューマン・アニマルとの戦い」とパレスチナ人の人間性を否定するような言葉を発し、連日、激しい空爆を始めた。10月下旬には部分的に地上戦も始まり、ハマスの越境攻撃から8か月後の2024年6月7日時点でガザのパレスチナ人の死者は約3万7000人に達した。そのうちの1万5000人が子供という惨状となり、国連人権委員会の特別報告官が、連名で「ジェノサイド（集団殺害）を阻止するために即時停戦が必要」と呼びかける事態となった。

10月7日の越境攻撃によって、ハマスの名前はアルカイダや「イスラム国（ＩＳ）」並みに知られるようになった。毎日のように日本の新聞、テレビでガザ情勢が報じられているが、ハマスは「ガザの地下にトンネルをめぐらして、イスラエル軍に対抗する武装組織」というだけで、その実態はほとんど知られておらず、掘り下げられることもなかった。

私はこのようなメディアの報道に不満と疑問を持った。私は１９９４年に朝日新聞社のカイロ駐在特派員となり、イスラエルとＰＬＯ（パレスチナ解放機構）との間で93年に調印された歴史的な和平合意「パレスチナ暫定自治協定（オスロ合意）」が、94年5月からガザとヨルダン川西岸で実施され、パレスチナ自治の始まりを取材した。２００１年からはエルサレム駐在となり、その前年に始まった第2次インティファーダ（民衆蜂起）の中で、和平の希望が日々、崩れていくのを目のあたりにすることになった。

ハマスはオスロ合意に反対する立場で、イスラエル・パレスチナ問題のいろいろな側面で関わっていたことから、１９９４年以来私は、様々な局面で取材した。２００１年には、ハマスの創設者で精神的指導者だったアフマド・ヤシーンにインタビューしたこともある。90年代のハマスは「オスロ合意」に反対し、特に「自爆テロ＝殉教作戦」という手法をとってきたためパレスチナの中でも影の存在だった。しかし、２０００年代になってオスロ合意が崩れ、和平への希望が潰えた時、それまで影だったハマスは、パレスチナ人の間でイスラエルに対抗する希望を与える存在となった。そういったことは、欧米や日本では一般的に理解されていない。

私と中東との関わりは、大阪外国語大学（現・大阪大学外国語学部）でアラビア語を専攻したことに始まる。そもそも、なぜ大学受験でアラビア語を選んだのか、と繰り返し質問を受けてきた。高校生の時にフランスの作家カミュの小説『異邦人』や『ペスト』などにはまり、大学の第1志望はフランス文学だった。当時、国立大学二期校だった大阪外国語大学のアラビア語科を第2志望に選んだのは、『異邦人』の中で主人公に「太陽がまぶしいから」と銃で撃ち殺されてしまうのがアラビア人だったからである。アルジェリアを舞台としたカミュの作品群の中で、アラビア人は常に影のような不気味な存在だった。当時の私の気負いから言えば、アラビア語を学ぶことは、カミュの世界を、その影の側から見ることだった。実際に、高校生の時は欧米の世界しか知らなかった私を、アラビア語は「世界の影＝裏側」へと向かわせ、ジャーナリストとして中東を歩き回らせることになった。これまで世界、特に欧米や日本から影の存在とみなされてきたハマスについて書くことは、アラビア語を学ぶという10代の選択が当然、行きつく先という気がする。

本書では、事実に基づいて記述しつつ、できるだけパレスチナ人とハマスの側から世界を見ようとした。ハマスの指導者やメンバーは何を考え、パレスチナ民衆はなぜ、支持するのか。私の取材体験やインタビュー、さらに中東のメディアで流れている多くのインタビュー動画などを参考にして、生の材料からハマスの実像を探ろうとした。特にハマスに関わっている人間の声や体験を描くというジャーナリズムの方法を意識した。

10月7日の越境攻撃の後、イスラエルの大規模空爆が始まって連日のニュースになるまで、日本ではハマスについてのまとまった書籍はなく、ハマスの実体を解明しようとしたリポートや研究書もほとんどなかった。しかし今回、改めて資料を読み、アラビア語の多くのインタビューを聞いて、ハマスという組織はこれほど饒舌（じょうぜつ）だったのかと驚いた。ハマスに関する材料がないのではなく、ありすぎて途方に暮れる思いだった。

ハマスには政治部門と軍事部門があり、政治部門にもガザや西岸のパレスチナにいる政治リーダーと、パレスチナの外にいる政治リーダーがいる。さらに、イスラムの教えに基づいて貧困救済や孤児救済を行う社会慈善組織がある。一口にハマスと言っても、いくつもの顔がある。それぞれの部門が、それぞれの視点から主張する。

まだ分からないこともたくさんあるが、ハマスという組織を知ることで、パレスチナ問題の現実や、イスラエルの占領下にあるパレスチナ人の困難が見えてくることは明確に分かった。これまで日本人の多くには見えていなかったハマスという存在を知ることで、パレスチナ問題への理解が進むことを期待したい。

広域図

レバノン
ダマスカス
地中海
シリア
ヨルダン川西岸地区
テルアビブ
アンマン
エルサレム
ガザ
ガザ地区
死海
イスラエル
ヨルダン
エジプト
シナイ半島
サウジアラビア

ガザ地区拡大図

地中海
ガザ
ガザ地区
イスラエル
ハンユニス
エジプト
ラファ検問所

【ハマス関連年表】

1936年—39年	アラブ大反乱（パレスチナのアラブ人による反英・反シオニズム反乱）。エジプトのムスリム同胞団がパレスチナに進出。
1947年11月	国連総会でパレスチナ分割決議の採択。アラブ人国家とユダヤ人国家に分割する。
1948年5月	イスラエルの独立宣言の翌日、アラブ諸国の宣戦布告。第1次中東戦争（イスラエル側は独立戦争、アラブ側はナクバ〈大破局〉）の勃発。
1948年12月	パレスチナのアラブ人70万人が難民化。国連総会は難民の早期帰還と、帰還できない場合の補償を求める国連総会決議194を採択。
1949年	イスラエルとエジプトなどアラブ諸国の間で休戦。ガザはエジプトの統治、ヨルダン川西岸と東エルサレムはヨルダンの統治となる。
1952年	エジプトでナセル大佐率いる王政打倒クーデターが勃発。54年からムスリム同胞団を弾圧。
1965年	アラファト率いるファタハが正式に発足。ガザの同胞団メンバーが主力に。
1967年	第3次中東戦争で、イスラエルがガザとヨルダン川西岸、東エルサレムを占領。国連安保理がイスラエルの占領地からの撤退とアラブ諸国のイスラエル承認を求める決議242を採択。
1977年	イスラエルの総選挙で、右派リクードが中道左派労働党を破って政権を発足。

１９７９年	エジプトとイスラエルが平和条約締結。77年、サダト大統領のエルサレム電撃訪問後、米国仲介のキャンプデービッド合意から締結につながった。
１９８０年	ガザのムスリム同胞団メンバーが「パレスチナ・イスラム聖戦」を発足させ、除名に。前年79年のイラン・イスラム革命に触発されたもの。
１９８２年	ガザのムスリム同胞団が武装闘争に入る方針を機関決定。責任者は政治局長のアフマド・ヤシーン。この年、イスラエルがエジプトにシナイ半島を返還し、半島にあったユダヤ人入植地８か所が解体され、その入植者がガザに移った。
１９８４年	ヤシーンが武装闘争のための武器調達によってイスラエル軍に拘束され、服役。85年に捕虜交換で釈放。
１９８７年11月	ヤシーンがイスラエル軍と戦う軍事組織「パレスチナ・ムジャーヒドゥン（ジハード戦士）」、パレスチナ人のスパイを摘発する治安組織「アルマジド（栄光）」の設立を決定。
１９８７年12月	第1次インティファーダの始まり。直後に、パレスチナのムスリム同胞団が「イスラム抵抗運動＝ハマス」の発足を決定。
１９８８年８月	ハマス憲章を発表。
１９８９年２月―５月	ヤシーンの指揮下で、軍事組織「１０１部隊」がイスラエル軍兵士２人を殺害。ヤシーンもイスラエル軍に拘束され、終身刑の判決を受ける。
１９９１年	ハマスの軍事組織イッズディン・カッサーム軍団が発足。

1992年	アブマルズークが海外組としては初めて政治局長に選出。
1993年9月	イスラエルとPLOがパレスチナ暫定自治協定（オスロ合意）に調印。
1994年4月	カッサーム軍団による初めての自爆テロ。 2月のヨルダン川西岸ヘブロンでの入植者の銃乱射事件への報復とした。
1994年5月	オスロ合意が実施され、ガザとヨルダン川西岸の都市エリコでパレスチナ自治開始。
1995年	イスラエルのラビン首相暗殺。
1996年	イスラエルの首相選挙でリクード党首のネタニヤフが首相に選出。
1997年	ヨルダンでのハマス政治局長ハーリド・メシャアルの暗殺未遂事件。 ヤシーンの釈放とガザ帰還。
2000年9月	リクード党首シャロンのイスラム聖地への立ち入りに対する反発から第2次インティファーダが勃発。
2004年3月	イスラエル軍がヤシーンを暗殺。このころハマス幹部の暗殺相次ぐ。
2006年1月	ハマスがパレスチナ自治評議会選挙に参加、過半数の議席を得て勝利。 3月にハマスによる自治政府内閣が発足。米・EU、国連は認めず。

２００７年６月	ハマスの軍事部門がガザのファタハを排除して、ハマスのガザ支配が始まる。イスラエルはガザの封鎖を始める。
２００８年12月—09年1月	イスラエルの大規模ガザ攻撃。１４１７人死亡。
２０１１年	民主化運動「アラブの春」でエジプト、チュニジア、リビアなどの強権体制が倒れる。エジプトでは民主的選挙で同胞団系政権が生まれる。
２０１３年	エジプトで軍クーデターにより同胞団政権が打倒される。
２０１４年7月—8月	イスラエル軍によるガザ攻撃。２２５１人死亡。
２０１７年	ハマスが新政策文書を発表。１９６７年ラインでのパレスチナ国家を支持。
２０１７年	トランプ大統領がエルサレムをイスラエルの首都と認定。18年5月に駐イスラエル米大使館をエルサレムに移転。
２０１８年3月	ハマスがイスラエルへの難民帰還を求めて、ガザでのデモ「帰還の大行進」を始める。
２０２１年	イスラエルによる11日間のガザ攻撃で２５６人死亡。
２０２３年10月	ハマスのカッサーム軍団による越境攻撃。その後、イスラエルによるガザへの大規模攻撃。

第1章　ハマスとの出会い

「アフマド・ヤシーンって誰だ」

1994年7月1日、パレスチナ解放機構（PLO）議長のアラファトがガザに帰還し、パレスチナの地に足を踏み入れた。69年にPLO議長になって以来、初めてのパレスチナへの帰還である。私もアラファトの帰還を報じるためガザに入った。アラファトは、エジプト経由で入り、ガザ南部のラファ検問所から濃紺のベンツ20台ほどの車列でやってきた。車列は猛スピードで北部にあるガザ市に向かった。アラファトは爆走する車のサンルーフから上半身を出し、トレードマークのクーフィーヤと呼ばれる黒と白の格子柄のアラブ風頭巾を風にはためかせながら、沿道の民衆から沸き起こる歓声に手を振って応えた。

イスラエルのユダヤ人過激派の間では「テロリストの帰還」に反発の声も起こり、ハマスなどパレスチナの強硬派もオスロ合意に反対、暗殺の危険もささやかれていた。沿道の民衆に身をさらすのは、幾多の危機を生き延び、「不死鳥」と呼ばれたアラファト流のパフォーマンスだった。

アラファトはラファから20分ほどで歓迎式典会場となったガザ市内の無名戦士広場に着いた。すぐにステージに立ち、広場を埋めた民衆を前に「兄弟たちよ」と演説を始めた。身長160センチ台で小柄な体軀から力強く、重々しい声を出した。

「信じるものは勝利する。今日、我々はパレスチナの地、闘争の地ガザで再会した。我々はガザから最後はエルサレムに行く。私は（解放闘争で命を落とした）殉教者たちに、エルサレムの（イスラム聖地）アルアクサー・モスクで一緒に祈りを捧げると約束する」

冒頭の言葉に、無名戦士広場に「ハッタ・クドス（エルサレムまで）」と人々の歓声が上がった。アラファトは一瞬の沈黙の後、「アフマド・ヤシーンよ」と呼びかけた。「あなたが我々のところに戻るまで、我々は心から休息できない。（イスラエルの刑務所に）収監されているすべての者が解放されなければならない」と続けた。

私はこの時、アフマド・ヤシーンとは誰か知らなかった。4月にカイロの特派員となり、ガザ取材は2回目だった。一緒にいた取材助手に「ヤシーンって誰だ」と聞いた。「イスラエルの獄中にいるハマスの最高指導者だ」と助手は答えた。それは大きな驚きだった。ハマスと言えば、オスロ合意に反対し、その年の4月にイスラエル国内で2件の自爆テロを起こした過激なイスラム組織である。オスロ合意に基づくパレスチナ自治を始めるにあたって、アラファトの大きな課題が「テロ対策」であり、それはハマスを抑え込むことだという見方が連日のように世界のメディアに流れていた。それなのに、アラファトはガザに帰還する演説の冒頭で、パレスチナ民衆の前で獄中にいるハマスの指導者に呼びかけ、釈放することをまず誓ったのである。私がハマスという存在に興味を持ち、関心を向けたのはこの時だった。

アラファトへの冷めた視線

アラファトの最初の演説で、ハマス指導者の名前が出たことも意外だったが、もう一つ意外だったことがある。演説をした無名戦士広場は幅40メートル、長さ300メートルほどあり、議長を歓迎する3万人ともいわれる人々が集まった。しかし、広場は半分しか埋まらず、後ろ半分は人がいなかった。広場の前方に詰めかけた人たちの一部を除くと、熱狂的な拍手も、歓声もなく、演説が終わりにさしかかるころには、会場を去る人の流れができた。1965年以来、30年間にわたってパレスチナ解放闘争を率いてきた「英雄」の帰還を迎える熱狂はなかった。私は、この時の様子を「『兄弟』たちは冷めた視線 アラファト議長迎えたガザ」という見出しの解説記事として朝日新聞に書いた。会場にいたガザ権利法律センター代表の弁護士ラジ・スーラーニは「私はアラファトの信奉者ではないが」と断ったうえで、「10万人は来ると予想したのだが。人々の反応には、ショックを受けた」と驚きを隠さなかった。その後で、「多くの政治犯がまだ捕らわれ、失業者も多い。彼の時代は、もう終わった」と続けた。

一方、アラファト帰還についての反応をガザ市内で人々に聞いた。商店が並ぶ中心街のオマルムフタール通りで、商店主や買い物に来ている人々は口々に「議長が戻ったのは歓迎する」とは言うが、やはり冷めていた。ある20代の雑貨店主は「パレスチナの指導者は、私たちが選挙で決める。そうなればハマスが勝つだろう」と語った。パレスチナ自治の議会となる評議会選挙は当初、1994年中に行われる予定だったので、人々の関心は選挙に移っていた。それにしても、「選挙ではハマスが勝つ」という言葉は全く予想していなかったので、面食らった。

その年の4月に武装テロを繰り返したハマスは、5月の暫定自治開始後は表立った動きは見せていなかった。アラファトへの批判キャンペーンもない。ハマスの指導者の1人とみなされているガザ・イスラム協会議長のアフマド・バハルは、まずは「アラファトの帰還を歓迎する」と語ったうえで「我々は貧しい人々の救済事業をし、診療所を持ち、教育部門もある。選挙を通じていかに自治が不十分かを訴えていく。選挙が実施されれば、地域によって４割の支持が取れるところもあれば、６割取れるところもある」と、やはり選挙について語った。

ハマス系の病院で見た光景

１９９４年８月、私はガザでハマスの活動を中心に取材をした。最初は自治区の南端ラファ市の郊外にあるモスク（イスラム礼拝所）に併設された診療所だった。コンクリート造りのこざっぱりとした建物で、四つの処置室があり、医師、歯科医、検査技師が常駐する。医師に病院について聞くと、病院は慈善を目的としているので診察代や薬代も格安だが、お金が払えない場合、自分が礼拝をしているモスクの指導者であるイマーム（宗教指導者）の判をついた紙を持ってくれれば無料になるという。

「ガザは失業が深刻で貧しいので、患者の2、３割は無料扱いだ」と私の取材に対応した医者は語った。診療所は、1年前に開設されたという。エジプトとの検問所がある人口10万のラファ市には当時、公立病院がなかった。個人の開業医はいても、貧しい人々は診察代、薬代が払えない。モスクの前にアパートを持つ信者が場所を無償で貸し、ガザ市にあるハマス系の慈善組織サラーハ協会が医療機器や備品を提供し、運営している。医師などスタッフの給料も協会から出ている。

医師に話を聞いていると、若者が赤子を抱いて診療室に入ってきた。「吐くばかりで、食べ物を受けつけない」と若い父親は訴えた。赤子はむずがっているが、声がいかにも弱々しい。医師は赤子を診察台の上に寝かせて、口の中を見た後、聴診器を身体(からだ)にあて、さらに触診した。父親によると赤子は生後7か月の長女だという。娘は赤ん坊特有のふっくらした顔ではなく、頬がこけていた。シロップの飲み薬を父親に出した医師は「ガザの子供の3分の1は栄養状態が極めて悪い」と語った。

診察を終えて待合室で薬を待つ父親に話を聞いた。24歳で、2日前にイスラエルの刑務所を出たばかりだという。「7か月前に、友人の労働許可証を使ってイスラエルに入ったら、それが発覚して、半年間、投獄されていました。ガザでは仕事がないので、毎日、自治政府の失業対策事業の求人の申し込みに行っています」と語った。ガザではもともと12万人ほどがイスラエルに働きに出ていたが、ガザの治安の悪化によって労働許可証が減らされ、1993年には8万人台になっていた。失業率は33%と高かった。

待合室に座っていた老人によると、病院の場所を提供したモスクのイマームは、イスラエルの占領政策を糾弾する説教をしてイスラエル軍に何度も逮捕されたという。「イマームは私たちが助け合って生きていくイスラム運動を唱えただけだ。イスラエルは私たちが協力し合うのを嫌っているんだ」と老人は語った。モスクには、診療所への寄付金を入れる箱が置かれていた。

社会事業を行う「サラーハ協会」

ハマス系の診療所を取材した後、その診療所を運営する、ガザ市の「サラーハ協会」本部を訪ねた。サラーハ協会は幼稚園や病院、学校などを運営し、父親を失い働き手がいない孤児家庭の救済事業をしている。事務局長が対応し、ちょうど「コンピューター教室」が開かれているから見ていけと言った。4台のコンピューターが並び、10代後半の男子生徒7人が、市内のコンピューター会社から派遣された指導員の指示で、慣れない手つきでキーボードをたたいていた。当時、コンピューターはまだ目新しかった。その1台を操作していたカドル君(18)とファドル君(16)の兄弟はともに高校生で、清涼飲料水の輸入販売をしている父親の勧めで来たという。「私たちはゼロから始める世代だ。何をするにも、これからはコンピューターが必要だ」とカドル君が語った。「ゼロから始める世代」というのは、1994年の5月にガザでパレスチナ自治が始まったことを言っているのだった。そんな将来を語り、コンピューターのキーボードをたたく兄弟には、「オスロ合意反対」を叫ぶイスラム過激派のイメージは微塵も感じられなかった。

サラーハ協会の事務局長は、その１週間前にガザであったユダヤ人入植者への襲撃事件に関係して、パレスチナ警察が逮捕したガザのハマスの幹部10人のうちの１人だった。当時はガザにグッシュカティフと呼ばれるユダヤ人入植地があり、入植者の車に対して対向車から銃撃があり、入植者１人が死亡した。事務局長は「サラーハ協会は社会事業を行っている組織で、政治的なものとは関係ない」と言った。

事務局長によると、協会はガザの豊かな人々から喜捨を集め、自治区内で数百の貧しい家庭を援助している。約７００人の子供が通う幼稚園も持っている。「イスラムの教えに基づいて育てる。月に10シェケル（約３００円）の保育料だが、貧しければ免除している」。ガザにはほかにもモスク併設の幼稚園やスポーツ施設を持つイスラム委員会などのハマス系組織があるということだった。

その時の取材では、ガザでのハマスの政治指導者の１人で、イスラム大学教授のマフムード・ザハルとも会った。イスラム大学はガザでハマス系の大学と言われていた。ザハルは１９７０年代にカイロ大学医学部を卒業した外科医で、ハマスのスポークスマン的な役割をしていた。「ユダヤ人入植地が残るなどイスラエルの占領が続いている以上、いかなる抵抗も正当化される」と武装闘争を是認する一方で、ハマスは「ガザで貧民救済や教育文化、スポーツなど様々な活動を行っている」とザハルは言った。ユダヤ人入植者を襲撃したハマスの武装部門について質問したが、ザハルは「武装闘争を行うハマスの軍事部門はイッズディン・カッサーム軍団という名前で、政治部門とは別の独自の指令系統。私たち政治部門が指令を出しているわけではない」と言う。ザハルとはその後も何度かインタビューする機会を持ったが、彼は2006年にハマスがパレスチナ自治評議会選挙で勝利し、自治政府政権が発足した時に外相となった。

最初の取材で、ハマスには①イスラム的な社会事業を行う系列の社会組織、②ハマスの立場を外に向けて説明する政治部門、③イスラエルの占領に対する武装闘争を行う軍事部門――の三つの顔があることが分かった。

ハマスはイスラエルの占領と戦う武装組織であり、同時にイスラム的な教えに従って貧困救済事業などを実施し、パレスチナに根を張っている社会組織を持っている。さらに、オスロ合意への反対を唱え、ハマスの主張を唱える政治部門もある。どれか一つだけでハマスを見ることも論じることもできないことは、その後の20年以上に及ぶ取材で分かったことだった。

ハマス結成の経緯と背景

ハマスの活動についての詳細に入る前に、結成から2023年10月の越境攻撃までのハマスの歩みを、パレスチナ情勢とからめて簡単に時系列に沿ってたどってみよう。

ハマスの創設は1987年12月9日である。この日は、ガザで第1次インティファーダが始まった日として記録されている。

前日の8日夕方、イスラエル軍のトラックがパレスチナ人労働者らをはね、4人が死亡、9人が負傷した。それをきっかけとして、労働者の出身地であるガザ郊外最大のジャバリア難民キャンプの葬列に1万人が集まり、大規模なデモが勃発した。このデモがガザ全域、さらにヨルダン川西岸に広がり、インティファーダとなった。このことから、ジャバリア難民キャンプはパレスチナの抵抗の象徴となった。2023年10月に始まったイスラエルのガザ攻撃で、11月になってイスラエル軍が繰り返しジャバリア難民キャンプを空爆したのは、「ガザの抵抗の象徴」としてのジャバリアを打ち砕くというプロパガンダ的な意味合いがあっただろう。

ガザで反イスラエルのデモが本格的に広がった9日の夜、パレスチナのイスラム組織「ムスリム同胞団」ガザ支部の幹部メンバーが同胞団の政治局長だったヤシーンの家で会合を開き、イスラエルの占領と戦う「イスラム抵抗運動（ハラカ・ムカーワマ・イスラミーラ）」という組織を立ち上げることで合意した。「ハマス」とは、「イスラム抵抗運動」の単語の頭文字の3文字であり、アラビア語で「熱情」を意味する。

ムスリム同胞団は、1928年にエジプトで生まれたイスラム政治組織である。現在、アラブ世界のほとんどの国でムスリム同胞団系のイスラム政治組織があり、モロッコ、アルジェリア、チュニジア、リビア、ヨルダン、イラク、クウェート、イエメンなどでは政党として活動し、アラブ世界では最大のイスラム政治勢力である。イスラム組織と言っても、イランのようにイスラム宗教者が率いる組織ではなく、イスラムの理念を実践しようとする非宗教者リーダーたちが主導する組織である。2011年にチュニジアから始まりアラブ全域に広がった民主化運動「アラブの春」では、チュニジア、エジプト、リビア、イエメンなどで強権体制が倒れた後、チュニジアでは同胞団系組織「ナハダ運動」が連立政権を樹立し、エジプトでも同胞団が民主的選挙で第1党となり、政権についた。

同胞団がアルカイダや「イスラム国（IS）」など軍事部門中心のイスラム組織と異なるのは、社会での草の根的なイスラム社会活動と選挙による政治参加という非暴力の手法をとる点である。同胞団が1945年にパレスチナ支部を開設して以来、87年に「ハマス」を創設するまで専らイスラム的な社会活動を行い、PLOのような政治・武闘活動には参加していなかった。

同胞団にとって「ハマス」の創設は、社会活動から政治活動へ、さらに武装闘争への参加につながった。最高指導者のヤシーンは政治のトップというだけでなく、軍事部門のトップでもあった。しかし、1989年にイスラエルのスパイ殺害とイスラエル軍兵士殺害に関与したとしてイスラエルに拘束され、終身刑を言い渡されて服役した。

インティファーダはガザから西岸に広がり、パレスチナ人の少年たちがイスラエル兵士や戦車に石を投げるイメージが「石のインティファーダ」「石の革命」「石の闘争」として世界に広がった。それは、飛行機のハイジャックやミュンヘンオリンピック襲撃事件（1972）に象徴されるパレスチナの「テロ」のイメージを大きく変えた。当時のイスラエル国防相だったイツハク・ラビンは「石を投げる者たちの手足を折れ」と命じる強硬姿勢をとった。実際、イスラエル軍は投石する少年や若者たちにゴム弾だけでなく実弾も使用し、前述のオスロ合意が調印されてインティファーダが終わるまでに、パレスチナ側の死者は1059人に上った。

インティファーダの始まりは偶発的だったため、当初、指導組織はなく、指導者もいなかった。次第にPLO系列の地域指導者を中心にインティファーダ統一指導部（UNL）がつくられ、占領地のゼネストやイスラエル製品の不買運動など非暴力的大衆闘争の形をとった。ハマスは街頭活動ではUNLと競いつつも緩やかに連携した一方、ヤシーンが逮捕された後の1991年に、現在まで続く軍事組織「イッズディン・カッサーム軍団」を創設し、イスラエル軍兵士や入植者を殺害する武装闘争を繰り返した。

オスロ合意の暗転とヤシーンの釈放

第1次インティファーダの終結となった1993年9月のオスロ合意の調印式では、アラファトとイスラエル首相のラビンの握手が世界に放映され、パレスチナ和平の希望を与えた。この時、私は中東駐在になる前だったので、東京からワシントンに出張してホワイトハウスの調印式会場を取材した。

オスロ合意はノルウェーの首都オスロでの秘密交渉で協議され、突然発表された。イスラエルが第3次中東戦争（1967）から占領しているガザと西岸で、PLOがパレスチナ自治を開始し、将来的にはパレスチナ国家に結びつけるというもので、イスラエルの占領終結によって、イスラエルの生存権を認めるという安保理決議242に基づいている。

しかしハマスはイスラエルを含む全パレスチナの解放を主張しており、オスロ合意を拒否して反イスラエル闘争を継続した。ハマスの武装闘争として有名なのは、彼らが「殉教作戦」と呼ぶ「自爆テロ」である。最初の自爆テロは1994年4月だった。これは2月に西岸のヘブロンのイブラヒム・モスクであったユダヤ人入植者による銃乱射で29人の礼拝者を殺害した事件の報復とされた。

オスロ合意が暗転するのは、イスラエルでオスロ合意を進めた労働党の首相ラビンが、1995年11月に合意に反対する右翼のユダヤ人青年に銃で暗殺された事件である。暗殺後のイスラエル議会選挙で勝利して首相の座についたのが、オスロ合意に反対していた右派政党リクードを率いるネタニヤフだった。ネタニヤフが率いるリクード政権は西岸で入植者を拡大するなど、対パレスチナ強硬政策を進めた。

1997年10月、精神的指導者となっていたヤシーンがイスラエルの刑務所から釈放されガザに戻った。釈放の発端は、ヨルダンの首都アンマンに滞在していたハマスの政治局長ハーリド・メシャアルがイスラエルの情報機関モサドの工作員に襲われた事件だった。暗殺は失敗し、工作員2人はヨルダン警察に拘束された。当時、ヨルダン国王はフセインで、オスロ合意の翌年に米国の仲介でイスラエルと平和条約を締結していた。フセインは激怒し、拘束したモサド工作員をイスラエルに戻す代わりに、獄中にあったヤシーンの釈放を求めた。イスラエルは釈放に応じ、ヤシーンのガザへの帰還が実現した。ヤシーンは獄中にいる時から、イスラエルが第3次中東戦争前の境界まで撤退するならば「ホドナ（長期的停戦）」をするという和平案を唱えていた。釈放後もイスラエルに対して繰り返し長期停戦を呼びかけたが、イスラエルは相手にしなかった。

第2次インティファーダから選挙での勝利まで

2000年8月、アラファトと労働党出身のイスラエル首相バラク（当時）が、米国の仲介による直接交渉でパレスチナ国家樹立に向けた首脳会談を行ったが決裂した。翌9月に、リクード党首だった強硬派のシャロンがエルサレムのイスラム聖地「ハラム・シャリーフ（高貴なる聖域）」に立ち入ったことでパレスチナ人とイスラエル警察の衝突が起こり、それをきっかけに第2次インティファーダが始まった。第2次インティファーダでハマスは自爆テロを繰り返したが、アラファトが率いたPLO主流派でパレスチナ自治政府を主導したファタハの中からも、イスラエル国内での銃乱射など武装闘争に参加する者が出た。非暴力が中心だった第1次とは打って変わって、武装インティファーダになったのだ。さらに2001年9月11日に米同時多発テロ事件があり、米国が「テロとの戦い」としてアフガニスタン戦争やイラク戦争へ進む中で、イスラエルはハマスを取り締まらないパレスチナ自治政府を敵視して、自治区への軍事侵攻を続けた。オスロ合意は事実上、破綻した。

私は2001年4月にエルサレム駐在となり、第2次インティファーダの現場を取材することになった。また9・11米同時多発テロ事件直前の8月に、ガザでヤシーンにインタビューをした。

ヤシーンは2004年3月にイスラエル軍のミサイル攻撃で殺害された。イスラエルの「暗殺作戦」である。1987年にハマスの創設を決めた7人の幹部の中で、サラーフ・シェハデが2002年7月、医師のアブドルアジズ・ランティシは同4月にそれぞれミサイルで暗殺されていた。アラファトも2004年10月に体調を崩し、イスラエル軍の包囲を受けていた西岸のラマラの議長府からアンマン経由でフランスの病院に搬送され、11月に死亡した。

ヤシーンとアラファトというハマス、ファタハの創設者がいなくなったこともあり、2005年ころには第2次インティファーダはイスラエル軍によって力で抑え込まれ、終結した。その後、パレスチナ社会には深い絶望と無力感が広がったが、政治の仕切り直しのムードが高まり、パレスチナ自治評議会（パレスチナ議会）の選挙を実施する動きが出て、2006年1月、

10年ぶりに自治評議会選挙が実施された。

この選挙にハマスはガザ、西岸の全域で参加した。オスロ合意を認めていないハマスが、オスロ合意によって生まれた自治評議会選挙に参加するのは矛盾しているが、ハマスは２００５年に、イスラエルの占領地からの撤退を前提とした「ホドナ」を改めて表明しており、選挙への参加は、ハマスが現実・穏健路線へ転換した証拠だという見方もあった。選挙の結果、ハマスは全１３２議席中74議席を獲得し、ファタハの45議席を抑えて過半数を占め、勝利した。

自治政府の頓挫と経済封鎖、そしてイスラエルの攻撃

私は、ハマスが草の根的な社会運動で民衆に浸透していることを知っており、パレスチナ自治評議会でファタハに対抗する有力な野党勢力になることは確信していた。しかし、勝利するとは考えていなかった。

ハマスのガザの政治部門を率いていたイスマイル・ハニヤが自治政府の首班となった。ハマスはファタハとの連立を探ったが、ファタハに連立を拒否され、単独で自治政府を発足させた。これに対して、米国、ロシア、国連、欧州連合（ＥＵ）で構成する中東和平４者協議は「ハマスはイスラエルの存在を認めていない」という理由でハマス主導の自治政府を認めず、国際的

イスラエルによって繰り返されるガザ攻撃

	2008年12月末～09年1月中旬	2012年11月	2014年7月8日～8月26日	2021年5月10日～21日
期間	22日間	8日間	50日間	11日間
地上戦日数	16日間	なし	20日間	なし
パレスチナ側死者数	1417人	153人	2251人	256人
イスラエル側死者数	13人（軍10、民3）	6人（軍2、民4）	73人（軍67、民6）	15人（軍1、民14）

※死者数はパレスチナ人権センターやイスラエル軍などの発表による

な支援の停止など実質的な制裁下に置いた。

ハマス自治政府の下でファタハとの関係は悪化し、それぞれの軍事部門が交戦する事態にもなった。２００７年２月にサウジアラビアの仲裁でファタハとハマスが和解し、統治内閣がつくられたが、同年６月、ファタハが抑えていた治安警察をハマスの軍事部門が襲撃して排除し、ガザを実効支配した。それ以来、西岸で自治政府を主導するファタハと、ガザを支配するハマスで分裂し、イスラエルはガザに経済封鎖を敷いた。

封鎖の下で、２０２３年のガザ戦争の前に４回、イスラエルのガザ攻撃があった。①２００８年12月～２００９年１月、②２０１２年11月、③２０１４年７～８月、④２０２１年５月。いずれも、ハマスや、別のイスラム武装組織「イスラム聖戦」がガザからイスラエルに向けてロケット弾を発射し、イスラエルが大規模空爆で報復するという形である。

パレスチナ側の死者は4回合わせて計4077人で、その7割が民間人である。イスラエル側は計107人と、完全に「非対称戦争」となっている。特にイスラエル側の、2008〜2009年の攻撃で1417人、2014年の攻撃で2251人と多くの死者が出ており（前ページ表参照）、戦争犯罪を調査する国連現地調査団が入った。国連調査団の報告書では、ハマスによるイスラエル住宅地へのロケット攻撃と多くの市民の死者を出しているイスラエルの空爆について、戦争犯罪の疑いを指摘していた。

「彼らはガッツがある」

以上、ハマスが生まれてから2023年10月の越境攻撃にいたるパレスチナの歩みを駆け足で押さえた。流れを頭に入れておくことは、今後、詳細を読む時の理解の助けになるだろう。

この流れの中で、パレスチナ人にとってハマスとは何かを考えるヒントになるのは、2006年の自治評議会選挙での勝利である。当時、パレスチナ自治政府のすべてを抑えているファタハを打ち負かすとは誰も想像していなかった。

パレスチナの人々は、なぜ、選挙でハマスを支持したのか。ハマスが政権をとれば国際的な支持を失い、状況が悪くなることは、誰が考えても分かる。なぜ、ハマスを選んだのか。

自治評議会選挙が行われた２００６年1月は、２０００年9月から始まった第2次インティファーダがイスラエルの武力で抑え込まれた後だった。自治政府は機能せず、町は破壊され、若者は拘束され、パレスチナには、抵抗する力はほとんど何も残っていなかった。パレスチナ解放闘争を率いてきたアラファトも死に、後には、オスロ合意の後に日本を含む国際社会から集まった援助を私物化し、腐敗したファタハ指導部だけが残った。人々には深い絶望感があった。ハマスを選べば、イスラエルだけでなく、欧米が主導する国際社会と対抗することになるのは分かっているが、パレスチナの人々はファタハに「ノー」を突きつけ、ハマスを選んだ。

イスラムの理念を掲げるハマスの堅固さ、経済的な清廉さ、行動の純粋さについての信頼が人々の間にあった。一方、ファタハはアラファトの後、旧世代のアッバスら古株の指導者ばかりが残り、理念も、道徳も、行動でも後退するしかないという状況だった。パレスチナ人は、5年半ほど続いた第2次インティファーダの手痛い敗北の後で、踏みとどまる足場をハマスに見出したと、この時、私は考えた。

イスラエルによるガザの封鎖が始まった後、パレスチナ人男性と結婚し、ガザで聾学校を経営していた米国籍のジェリー・シャワーに、ハマスについて聞いたことがある。シャワーはハマスに対して「彼らはガッツがある」と言った。彼女の夫はハマスとは対立するファタハ系で、アラファトの友人だった。その人がハマスに対して「ガッツ」と言ったのが非常に印象的だった。パレスチナ人に残った最後のものは、まさにガッツである。

２０２３年まで繰り返されるガザ空爆と侵攻でイスラエルが潰そうとしているのは、武装組織としてのハマスではなく、ハマスを足場として踏みとどまろうとするパレスチナ人そのものである。だからこそイスラエルの攻撃は、「ハマス殲滅」を掲げながらも無差別にならざるを得ないし、闇雲に民間人の犠牲を増やすだけになっている。

第2章　インティファーダとハマスの創設

1987年12月14日の声明

ハマスの創設者であり、精神的指導者アフマド・ヤシーンは、カタールの衛星テレビ局アルジャジーラのインタビューで、ハマスが発足した１９８７年12月９日のことを次のように語った。その前日の８日夕方、パレスチナ人労働者を乗せた普通車にイスラエル軍のトラックが衝突し、４人のパレスチナ人が死亡している。

「死者を出したジャバリア難民キャンプでは、９日、兄弟たちが死者の棺（ひつぎ）を担いでキャンプの外にある墓地に向かった。その列に多くの人々が参加し、大きな群衆となった。墓地に到着し、埋葬が終わった後、人々の間に激情が高まり、群衆は墓地の近くにあったイスラエル軍がいる警察署に向かい、投石をした。その時、イスラエル軍から群衆に向けて発砲があり、１人の死者が出て、負傷者も出た。群衆は負傷者をガザにあるシファ病院に運んだ。それが12月9日でデモの初日となった。人々はシファ病院に集まり、負傷者のために献血を申し出た。そこでデモ隊ができて、ガザのイスラエル軍の拠点に向けてデモをした。デモの先頭に立ったのは、ガザにあるイスラム大学の学生たちだった。デモはイスラエル軍に向かって投石し、火炎瓶を投げた。イスラエル軍からの銃撃もあり、衝突が広がった」

このインタビューは1999年にアルジャジーラが「時代の目撃者」というコーナーで、ヤシーンに8回連続のインタビューを行った中でのひとこまである。ヤシーンは「私たち（同胞団の政治局メンバー）はその日の夕方、緊急会合を開いた。その時、占領当局がイスラム大学を閉鎖したとの情報も入ってきた。私たちは通りに出て（イスラエル軍の占領と）対決することを決めた。対決とはイスラエル軍に対してデモを行い、投石や火炎瓶で対峙することだった」と続けた。イスラム大学はムスリム同胞団の影響力が強いことで知られていた。

9日夜の緊急会合のメンバーは、パレスチナのムスリム同胞団ガザ支部政治局の幹部7人で、ヤシーンの家に集まった。政治局長で教師のヤシーンの他は、医師のアブドルアジズ・ランティシ、同じく医師のサラーハ・シャハーデ、教師で小学校長アブドルファッタフ・ドゥカン、学校職員ムハンマド・シャマア、薬剤師イブラヒム・ヤズリ、技師イサ・ナシャールである。この会合で、同胞団は反占領のための組織として「イスラム抵抗運動」を発足させることを決めた。

ヤシーンは次のように語っている。

「9日は水曜日だった。木曜、金曜ではまだ準備が間に合わないので、12日の土曜日から始めることにした。私たちは戦いの舞台を、ジャバリア難民キャンプからガザ南部のハンユニスに移した。その日の朝、ハンユニスのモスクでの礼拝の後、礼拝者がデモを始めた。ガザのビーチ・キャンプでもデモが始まり、南部のラファへも広がった。そのようなデモの広がりの中で、私たちは最初の声明を出すことを決め、印刷して、14日朝にビラを撒(ま)いた」

12月14日にヤシーンらが公表した声明は次の通りである。

慈悲あまねく慈愛深き神の御名において：
あなたがた信仰する者よ、耐え忍びなさい。忍耐に極めて強く、互いに堅固でありなさい。そしてアッラーを畏れなさい。そうすればあなたがたは成功するであろう。

（コーラン、イムラーン家章）

※以下、コーランの日本語訳は、日本ムスリム協会『日亜対訳クルアーン』に準じた。

おお、我が敬虔なるイスラム教徒の大衆よ

今日、あなたたちはユダヤ人とその援助者に対する全能の神が決めた定めの日を迎えた。むしろ、あなたたちは遅かれ早かれ、神の意志を受けて、彼ら（ユダヤ人）を根こそぎにする定めの一部なのだ。

実際、1週間で、数十人の殉教者と数百人の負傷者が、祖国の栄光と名誉を守り、国における私たちの権利を回復し、この土地に神の旗を高く掲げるために、神の道に命を捧げた。これは、我が民族の特徴である犠牲と殉教の精神を真に表現したものである。死を喜んで迎える民族は決して死ぬことはないことを全世界に証明し、この精神がシオニストの眠りを奪い、彼らの足場を揺るがす。

ユダヤ人たちに思い知らせよう。鎖、刑務所、拘置所があっても、犯罪的な占領の下で我々の民衆が苦しんでいても、我々が血や涙を流していても、我が民衆の忍耐と不屈の精神は、彼らの抑圧と傲慢を圧倒するだろうということを。彼らの暴力政策は、私たちの息子や若者たちによる、より強力な対抗政策を生むだけであることを彼らに知らせよ。我が息子たちは彼らが現世を愛する以上に、天国での永遠の命を希求する者である。

占領された土地にいる我が民衆のインティファーダは、占領とその圧力のすべてを拒否し、土地の没収と入植地の建設を拒否し、そしてシオニストによる征服政策に対する拒否として現れてきた。それはまた、脆弱な平和、空虚な国際会議、キャンプ・デービッドによる（編注／エジプト・イスラエル単独和平の）ような裏切りとも言える一方的な和解の後で、唖然としている私たちの良心を覚めさせることになった。それはイスラムこそ解決であり、もう一つの選択肢であると納得させることになった。

無謀な入植者たちに我が民衆は自己犠牲と殉教の道を知っていることを教えてやろう。この点（編注／殉教）では我が民衆は思い切りがよく、彼らの軍事や入植の政策は何の役にも立たないだろう。そして我が民衆を弱体化し、絶滅させようとする彼らのあらゆる試みは、彼らの銃弾やスパイ、そして卑劣さにもかかわらず破綻するだろう。

暴力は暴力しか生まず、殺人は殺人しか引き起こさないということを彼らに分からせるしかない。「私は溺れているのに、どうして濡れることを恐れようか?」ということわざは真実なのだ。

犯罪的なシオニストよ。お前たちの手を我が民衆から離せ。私たちの都市から、私たちの難民キャンプから、そして私たちの村からも離せ。お前たちに対する我々の戦いは、信仰と存在と人生を賭けた戦いである。

ユダヤ人が我が民衆に対して、ナチスの罪を犯していることを世界に知らせよ。ユダヤ人とナチスは同じ杯を飲む者たちである。

〈時が来たら、あなたがたはそれが真実であることを必ず知るであろう。（コーラン　サード章）〉

イスラム抵抗運動
１９８７年12月14日

声明の文言を読み解く

この声明の中にある「インティファーダ」は、１９６７年のイスラエルによるパレスチナ占領が始まった後にエルサレムで始まった、占領に抗議するパレスチナ人のデモを指す言葉として使われ始めた。モスクの集団礼拝や職能クラブ、集会所などで集まり、イスラエル軍や占領警察に対して投石をするイメージである。その後も、ヨルダン川西岸やガザでは度々、占領当局へのデモが起こっていた。

ヤシーンは最初「ハマス」という言葉は浮かばなかったと語っている。同胞団はそれまで非政治的な「イスラム運動」を行ってきたが、インティファーダに参加するという「抵抗運動」

を「イスラム運動」として位置づけることが重要だったとしている。その後、2、3回声明を出すうちにイスラム抵抗運動を意味する「Harakat al-Muqāwama al-Islāmiya」は「H．M．S．」という頭文字の略語となり、それが「HAMAS（ハマス）」という言葉になった。先にも述べたが、「ハマス」はアラビア語で「熱情」を意味することから、支持者たちが自分たちの思いを込めてこの呼び方が広がり、ハマス自身も使うようになったと思われる。

声明には母体となったムスリム同胞団のことは一言も書かれていないが、「イスラムこそ解決」という同胞団の標語が入っていることで、民衆には同胞団の活動であることが分かる。声明には、特に宗教色が強く感じられる。冒頭で「神が決めた定めの日」が訪れたことを宣言し、数十人の死者について「殉教者」とし、「この土地に神の旗を高く掲げるために、神の道に命を捧げた」とし、「犠牲と殉教の精神を真に表現したものである。死を喜んで迎える民族は決して死ぬことはない」と、死を恐れないイスラムの殉教精神を強調している。

声明の最後にユダヤ人とナチを同一視している部分は、1980年代にイスラエルの国内で自国による抑圧的なパレスチナ占領に反対して「ユダヤ・ナチ」と批判する論調があり、ハマスはその主張を援用しているのだ。

また印象的な表現として「私は溺れているのに、どうして濡れることを恐れようか？」というくだりがある。これは10世紀の有名なアラブ詩人ムタナッビーの詩の一節で、「何も失うものはない」という意味でアラブのことわざにもなっている。これについてヤシーンはアルジャジーラのインタビューの中で、「我々はすべてを失い、溺れている者だという意味だ。経済的にも、政治的にも困難に見舞われ、すべてを失い、溺れている。なのに、何を恐れるものがあるのかという思いを込めた」と、この表現を使ったことへの特別な思いを語っている。緊迫した声明文に文学的な一節を挿入しているところに、アラビア語教師であるヤシーンのこだわりを感じることができる。

非政治的だったムスリム同胞団が「ハマス」として闘争に参加する

第1次インティファーダは自然発生的に始まり、指導組織はなく、指導者もいなかったが、次第に、PLO系列の世俗派政治組織を中心につくられたインティファーダ統一指導部（UNL）が主導し、ハマスとも連携する形になった。前述したように、第1次インティファーダはパレスチナの少年がイスラエルの戦車に向けて投石するイメージが強いが、運動の社会的な広がりは占領下の民衆の不服従運動である。当時、チュニジアの首都チュニスにあったPLO本部の主導というよりも、占領下における現地の政治指導者によってUNLが生まれ、草の根的な民衆抵抗運動として始まったことで、もともとモスクを拠点とした貧困救済、宗教教育などの社会活動としてパレスチナ社会に浸透していたムスリム同胞団の参入も可能だったと言えよう。

第1次インティファーダで、PLO系とハマスとどちらの影響力が強かったかという議論が行われることもあるが、むしろ重要なのは、それまで解放闘争や反占領闘争にかかわらず、非政治的な社会活動をしていたパレスチナのムスリム同胞団が、インティファーダを境に「ハマス」として政治闘争に参加したことだ。それによってインティファーダが、それまでPLOが担ってきた世俗派のパレスチナ解放闘争だけでなく、より幅広く、より深く民衆に広がる契機になったという点であろう。大規模なデモの起点の一つが、ハマス系のモスクでの金曜礼拝だったということも重要な要素である。

その当時、PLOは1982年のイスラエルによるレバノン侵攻によって拠点としていたベイルートから排除されてチュニスに移り、それ以後、武装闘争は下火になっていた。PLOの指導力が低下する中で、パレスチナ占領地で住民の不満が爆発する形で偶発的な占領反対運動としてインティファーダが起きた。最初の集まりから早くも5日目に出されたハマスの第1声明を読めば、反占領闘争を自分たちが「イスラムの名の下に」主導しようとする決意が感じられる。政治闘争では経験が浅かったこともあり、ハマスがインティファーダを主導したとは言えないが、社会的に広い影響力を持つ同胞団が、インティファーダの発生からすぐに行動を起こしたことは大きな意味があった。イスラエル軍に対峙する若者たちによる投石デモの広がりと、占領地の社会的リーダーたちによる政治組織を越えた不服従運動の実施という二つの側面を持つインティファーダが、イスラムという宗教・社会・文化に根ざしたムスリム同胞団の参入によって、「イスラムの戦い」という意味を与えられた。そのことが、運動が一過性でなく、数年にわたって継続する要因の一つになったと考えるべきである。

ムスリム同胞団の起源と、パレスチナとの関わり

ここでハマスがどのような経過をたどって生まれたかを知るために、ハマスの母体であるムスリム同胞団と、パレスチナ問題との関わりについて知る必要がある。

エジプトのムスリム同胞団がパレスチナ問題と関わったことで、パレスチナのムスリム同胞団が生まれ、そこからハマスが出てきた。同胞団の創設者ハサン・バンナーは、現在ではカイロ大学の一部となっている近代的な高等教育機関「ダール・ウルーム（諸学問の館）」でイスラム学、アラビア語を学んだ。１９２７年に卒業した後、スエズ運河に面するイスマイリヤの小

学校のアラビア語教師となった。バンナーは男たちが集まるカフェで、英国の統治下にあったエジプトで西洋による支配が広がり、イスラム社会の危機が進んでいることを人々に訴え、イスラムに基づいた社会建設を説いた。28年、バンナーは支持者とともにイスマイリヤで「ムスリム同胞団」を設立し、モスク建設運動、モスクで説教師として人々に訴える教宣活動などイスラム復興運動を始めるが、そこには英国からの独立を求める民族主義的な訴えもあった。イスマイリヤは当時、スエズ運河が英国とフランスの管理下にあったことから英国軍が駐留しており、反英闘争の訴えが運動の柱の一つとなった。

1932年、バンナーのカイロへの転勤とともに同胞団の本部をカイロに移し、さらにエジプト全土に支部を増やした。そして、同胞団が勢力を拡大し始めた36年に英国委任統治領パレスチナで「アラブ大反乱」が始まった。同胞団はこの時、パレスチナ問題に関心を向けた。

パレスチナはアラブ世界では「シャーム」と呼ばれる地域に属する。シャームとは、地中海とアラビア半島、イラク、トルコの間にある現在のシリア、レバノン、ヨルダン、パレスチナを併せた地域で、パレスチナは南シャームだった。アラブ世界の大部分は16世紀以来、オスマントルコ帝国の支配下にあったが、第1次世界大戦でトルコはドイツと同盟を結んで戦って敗れ、パレスチナ地域は1918年から英国の占領支配となった。占領が始まる直前の17年11月に、英国外相のバルフォアは「英国政府は、パレスチナにユダヤ人のための民族的郷土を建設することを好意的に受け止め、この目的の実現を容易にするために、あらゆる努力をするだろう」という、有名なバルフォア宣言を出した。1917年にはパレスチナ人口70万人の6％に過ぎなかったユダヤ人に「民族的郷土」の建設への協力を約束したのだ。英国の占領統治と、23年に国連に承認された委任統治の下でパレスチナへの移民が増え続け、36年には38万人となり、全人口137万弱の28％まで急激に増加した。

アラブ大反乱は、英国の支援を受けた欧州のユダヤ人がパレスチナへの移民を増やしたことに反発するアラブ人の反乱だった。反乱に先立ってシリア出身のイスラム宗教家イッズディン・カッサームは1930年ごろからハイファで地元の若者たちを集めて武器を与え、訓練をして反英・反シオニズムの軍事組織を設立し、ユダヤ人入植地の襲撃などをしていたが、35年に偶発的な出来事から英国軍によって殺害された。それがパレスチナのアラブ人の大反乱の引き金となった。

1936年初めから、ハイファと中部のテルアビブでアラブ人によるユダヤ人に対する暴動が起こった。エルサレムのムフティ（イスラム指導者）であるアミン・フセイニは同年5月、パレスチナの宗教界や政治指導者を糾合してアラブ高等委員会を設立し、パレスチナにゼネストを呼びかけ、ユダヤ人の大量移民の停止を求めた。それをきっかけにパレスチナ全土の町村で大衆による蜂起が広がった。英国軍は戒厳令を敷いて指導者を拘束し、反乱に参加する村々を武力で制圧し、39年までに反乱を鎮圧した。英国の公式発表ではアラブ人の死者は2000人だが、パレスチナ人歴史家ワリド・ハーリディーは48年までのパレスチナとシオニズムの資料を集めた『天国から征服へ』の巻末で、イギリスの統計を分析して、アラブ人の死者数は5032人、負傷者は1万4760人と推定している。これは当時のアラブ人口100万の2%弱が死傷するという惨劇であった。

エジプトのムスリム同胞団は、同じく英国統治下にあるパレスチナでのアラブ人の反乱に強い関心を向けた。1936年にフセイニがアラブ高等委員会を設立すると、同胞団はすぐに「パレスチナ支援のための中央委員会」を設置し、パレスチナ支持を表明して初のデモを行った。さらに同年の8月にエルサレムに使節を派遣してフセイニと面会し、協力関係を構築した。この時は同時にシリアやレバノンも使節を送り、パレスチナ支援で「アラブの結束」を訴えた。先に同胞団系の組織がアラブ世界ほとんどすべての国で組織されていると書いたが、同胞団がエジプトからアラブ世界に広がる契機になったのがパレスチナ問題だった。

イスラエルの独立と「ガザ」の誕生

1939年から英国がユダヤ移民を制限する方向に動くと、ユダヤ人武装組織による反英武装闘争やテロが激化した。英国は委任統治の終了を決めて、国連にパレスチナ問題の処理を委ねた。47年に国連総会はパレスチナ分割決議を採択した。当時のパレスチナのアラブ人人口132万に対して、ユダヤ人は63万で32%まで増え、さらに国連分割決議ではユダヤ人国家に全パレスチナの56・5%の土地が配分された。ユダヤ人にとって有利な分割決議が採択されたのは、ナチス・ドイツによるホロコーストが明らかになり、欧米でユダヤ人への同情が高まっていたことも大きな要因だった。

欧州で長年迫害され、その果てにはナチス・ドイツによるホロコーストを経験したユダヤ人にとっては、英国統治下の30年間は、自分たちの国を持つという悲願が実現した30年であったが、パレスチナのアラブ人にとっては、土地の半分以上を欧州から移民してきたユダヤ人に奪われるという悪夢の30年だった。

ユダヤ人勢力は国連決議を受け入れたが、現地のアラブ人と当時のアラブ連盟は反発した。1948年5月14日に英国の委任統治が終了した日にユダヤ人はイスラエルの独立を宣言し、翌15日、アラブ連盟5か国（レバノン、シリア、トランスヨルダン、イラク、エジプト）はイスラエルに対し戦争を宣言した。戦争の結果、新生イスラエル軍は準備不足で相互の連絡もとれていないアラブ諸国軍を圧倒し、分割決議よりも広いパレスチナ全土の78％を支配した。残る22％については、ガザをエジプトが統治し、西岸と、聖地を含む東エルサレムはトランスヨルダン（ヨルダン）が統治することになった。そして、イスラエル領内にいた約70万人のアラブ人が故郷を失って難民化した。アラブ人は48年の戦争を「ナクバ（大破局）」と呼んでいる。

この流れの中で、ムスリム同胞団はガザなどパレスチナ各地で次々と支部を増やして25支部となり、１９４６年にはエルサレムにパレスチナの同胞団の本部を開いた。第１次中東戦争でエジプトの同胞団はエジプト軍とともにガザを中心に戦い、パレスチナの同胞団はパレスチナ国内で戦った。結果的に、パレスチナ南部では現在のガザだけがエジプトの支配地域となって残り、パレスチナ南部地域のアラブ人がガザに難民として集まった。そのような経緯で住民の7割が難民という現在のガザができ上がった。

ヤシーンの生い立ち

パレスチナの民族運動と言えば、１９７０年代以降のＰＬＯによる世俗派や左派のイメージが強く、日本ではハマスを異端視する向きがある。しかし、パレスチナの運動は36年のアラブ大反乱のきっかけをつくった宗教者イッズディン・カッサームやエルサレムの宗教指導者アミン・フセイニのような、イスラム的な反英・反シオニズムのジハード（聖戦）の伝統を引き継いでいる。同胞団が進めたイスラム的民族運動は、当時のパレスチナの動きと親和性があった。同胞団から生まれたハマスは軍事部門に「イッズディン・カッサーム軍団」と、アラブ大反乱のきっかけをつくった宗教者の名前を冠している。そこにはパレスチナの民族運動の流れを継ぐ正統派意識を見ることができる。

第1次中東戦争の後、パレスチナの同胞団は、ヨルダンの統治下となった東エルサレム・西岸と、エジプト統治下のガザとで分裂することになった。エジプトでは１９５２年にナセルが率いる自由将校団が王政を倒す革命を起こした。最初の2年間は革命政権と同胞団の関係は良好で、この時にエジプトの同胞団からガザへの支援があり、組織は拡大した。しかし、54年にエジプトでナセル暗殺未遂事件が起こると、ナセル政権は同胞団による犯行として一転して同胞団を非合法化し、大弾圧に乗り出した。ガザでの同胞団組織も禁止された。

ハマス創設者のヤシーンがアルジャジーラの連続インタビューで語った、ナクバ以来の彼自身の体験から、ハマスが生まれた歴史的背景が見えてくる。

ヤシーンはアラブ大反乱が始まった1936年にガザの北方にある都市アシュケロン郊外のジューラ村で生まれた。48年の第1次中東戦争の時は12歳で、アシュケロンからエジプト軍が入っていたガザに家族とともに逃げた。幼いころに父親を失い、ガザで難民生活を始めたが生活は苦しく、学校を数か月でやめて、家計を助けるために2年間、レストランで働いたという。14歳のころに国連パレスチナ難民救済事業機関(UNRWA)の学校の小学4年生クラスに復学した。52年に友達と海で遊んでいる時に首の神経を傷めるけがをし、治療とリハビリで立って歩くことはできるようになったが、身体の動きは非常に制約されたものになった。その後、ハマスの指導者となったヤシーンは常に車いす姿だったが、原因はこの時のけがによるものである。勉学は続け、高校ではガザの総合テストでトップの成績をとり、ガザの教育省によって教員に任命され、UNRWAの小学校でイスラムとアラビア語を教える先生となった。

教員の傍らモスクで説教をし、子供の教育活動などに関わった。ガザで教えながら、カイロにあるアインシャムス大学のアラビア語と英語コースを受けるため1964年にカイロに行った。そこでムスリム同胞団の支持者という疑いをかけられ、しばらくガザに戻ることができなくなったという。ガザに戻ってからも、同胞団に参加しているとして警察に逮捕されて刑務所に入ったことがあるが、同胞団メンバーである証拠はなく、釈放されたという。ただし、その後数年で同胞団の指導的な立場で運動を牽引していく様子を見れば、ヤシーンがモスクでの子供たちの教育活動に関わっていたこと自体が同胞団の活動だったと考えられる。

「ファタハ」の結成

1950年代後半、ガザでも同胞団の活動が禁止され、抑圧された中で、ガザの若いメンバーの中に同胞団から離れる動きが起こった。59年ごろから、エジプトの大学を卒業してクウェートで働いていたヤセル・アラファトらパレスチナ人の若者たちがパレスチナ解放組織「ファタハ」を結成し、65年に組織の立ち上げを正式に宣言した。

ファタハの出現について、ヤシーンは「ファタハとして武装闘争を始めたのは、多くがガザ出身の同胞団のメンバーだった」と証言し、数人の名前を挙げている。その中にはアラファトとともにクウェートでファタハを立ち上げた時の創設メンバーであるアブ・ジハード（本名：ハリール・ワジール）、アブ・イヤード（本名：サラ・カラフ）らアラファトの右腕だった指導者の名がある。また、後にファタハの軍事部門アーシファの司令官となったムハンマド・ナッジャールの名も元同胞団メンバーとして挙げている。アラファト自身は同胞団メンバーではなかったが、同胞団の活動に参加するなど近い関係にあったとされる。

アラファトとともにファタハを始めたガザ出身の元同胞団メンバーたちは、いずれも難民出身で、ガザからカイロなどエジプトの大学に進んだ若者という共通点があった。彼らは「ジハード」として反イスラエル闘争に燃えていたが、エジプト支配下となったガザでナセル体制に徹底的な弾圧を受けて抑え込まれた。そのため、パレスチナ解放のためにナセルが唱えたアラブ民族主義の外見をとって民族主義の「ファタハ」が生まれ、さらにガザの同胞団メンバーを糾合していった。つまり、アラファトが率いて1965年から武装闘争を始め、PLOの主流派となったファタハも、パレスチナのムスリム同胞団から出たという意味ではハマスと同根ということになる。

そのころ、ヤシーンも武装闘争への参加を誘われたが、「アラブ諸国はパレスチナの抵抗運動を支援しない」として断ったという。1965年、ヤシーンは29歳であり、ファタハ創設でアラファトを支えたアブ・ジハードは30歳、アブ・イヤードは33歳と同年代であるが、ヤシーンは身体に障害を抱えていたのだから戦闘員（フェダーイー）としての勧誘ではなく、モスクを舞台としたイスラム活動による若者たちへの影響力を期待されてのことと思われる。ヤシーンは68年にガザ地区の同胞団幹部に選ばれたとされるので、カイロに行く前から同胞団のメンバーだったのだろう。同胞団では正式メンバーになるために数年を要し、正式メンバーとなって地域のリーダーとなるためにはさらに数年の活動実績が必要となるからである。このころ、ガザのパレスチナ・ムスリム同胞団の主流派は「社会のイスラム化」を優先し、非政治的なイスラム社会運動を続けていた。

パレスチナ問題の大きな転機は、1967年の第3次中東戦争でイスラエルがエジプト、シリア、ヨルダンに圧勝し、シナイ半島とともにガザを占領し、西岸と東エルサレムを占領したことである。パレスチナ全域がイスラエルの支配下となり、ヤシーンはUNRWAの小学校教師として復職した。この時、ヤシーンはイスラエル占領下で学校の教師として働くことで、「占領下で学校が開かれ、占領がうまくいっていると宣伝に使われ、イスラエルの利益のために働いていることにならないか」と考えたという。しかし「教育がなければ人々は無知のままで、自分の未来を開くことができなくなる。占領と戦うためにも教育で人々を覚醒させなければならないと考えた」と語っている。ヤシーンは組織づくりに積極的に取り組み、73年には社会、文化、健康、スポーツなどのサービスを人々に提供する「イスラム・センター(ムジャンマ・イスラミ)」の設立に関わった。また78年の「イスラム大学」設立にも貢献した。

ハマスの〝人材養成機関〟イスラム大学の設立

1948年から67年まで、ガザと西岸・東エルサレムはエジプトとヨルダンの支配下で同胞団組織も分離していたが、ともにイスラエル占領下になったことで、行き来ができるようになった。ヤシーン自身、エルサレムからイスラム運動を行っていた親しい友人を招いて話し合いを持っていた。ただし、ナセル時代に反同胞団宣伝が行われ、ガザの人々の間には同胞団への警戒感と不信感が広がっており、当初は、同胞団の勢力はなかなか広がらなかったとヤシーンは語っている。一方、若者たちの多くはファタハやパレスチナ解放人民戦線（PFLP）など武装闘争組織に参加した。ヤシーンはそのころを振り返って次のように語っている。

「当時の若者たちはいま（の武装闘争）と違って昼間から公然と銃を手にして町の中を動いていた。イスラエル軍は住民の間に協力者（スパイ）をつくって、情報を収集して、夜の間に（活動家の）家に行って、彼らを殺害したり、拘束したりして、抵抗運動を抑えにかかった。（ガザでの）抵抗運動は1972年から73年にはほぼ抑え込まれてしまった。同胞団は（武装闘争には）参加しなかった。力が足りなかったし、武器を買う資金もなかった。闘争の重荷を担う組織もなかった。私たちは私たちの活動をゼロから始めた。モスクで説教をし、コーランを読み、教育から始めた。その活動の中から、2人、3人、5人とウスラ（家族）をつくっていった。そのころの抵抗運動はファタハやPFLPが担っていたが、私たちは占領反対の戦いを始めるための準備を続けてきた」

ここでヤシーンが語っている、アラビア語で「家族」を意味する「ウスラ」は、エジプトのムスリム同胞団の最小単位のことである。5、6人のウスラで集まってコーランの勉強会をしたり、組織からの指令に基づく活動を行ったりする日常活動の単位でもある。ウスラの代表者は他のメンバーのチューター的な役割で、代表者が上からの指令を受ける。ウスラをまとめる地区の代表者がいて、さらに市や町など地域支部があり、その上に県支部があり、その上に本部があるピラミッド型の組織をつくっていた。ウスラをつくるのが、同胞団組織の第一歩である。

ヤシーンはガザ市にあるビーチ難民キャンプのアッバス・モスクのイマーム（宗教指導者）として説教壇から占領者への抵抗を呼びかける活動を続けると同時に、寄付金を集め、イスラエル軍に殺害されたメンバーや刑務所で服役中のメンバーの家族を支援する活動を行った。同胞団はモスクを拠点として草の根的なイスラム社会運動を展開していった。1967年にイスラエル占領当局の許可を得て、ガザ市に「イスラム協会」（アル・ジャミーヤ・アル・イスラムヤ）を設立し、モスクに併設して、スポーツ、レクリエーション旅行、ボーイスカウト活動、宗教や社会問題についての公開講義などを行った。占領当局は、協会の活動は宗教活動の一環として認めた。

しかし、「1970年代の同胞団の勢力拡大はゆっくりだった」とヤシーンは語っている。同胞団の勢力拡大の転機となるのは、78年にガザ市に設立されたガザ最初の大学であるイスラム大学だった。設立の中心は同胞団メンバーで、エジプトで学んでガザに戻ったランティシやマフムード・ザハルら後のハマス幹部が教鞭をとった。2006年のパレスチナ自治評議会選挙にハマスが参加して勝利し、ハマス自治政府の首相になったイスマイル・ハニヤ（現ハマス政治局長）はこの大学の卒業生であり、さらに現在のガザ政治指導者のヤヒヤ・シンワールや、軍事部門のイッズディン・カッサーム軍団総司令官ムハンマド・デイフも卒業生である。イスラム大学はハマスの人材供給の機関となった。

「ハマスはイスラエルによってつくられた組織」？

イスラム大学と並んで同胞団活動の勢力伸長を支えたのが、1973年ごろから設立され、79年にイスラエル占領当局の許可を得て開設されたイスラム社会活動の複合施設「イスラム・センター（ムジャンマ・イスラミ）」である。ガザ南部のモスクを中心に、幼稚園や診療所を併設し、イスラム的な社会、医療、教育など総合的な活動を実施し、ガザの同胞団のイスラム運動を束ねる存在となる。ヤシーンが事務局長として活動を仕切った。

イスラム・センターの開所式にはイスラエル軍の占領当局関係者も出席したという。占領軍から開所の許可をとることは簡単ではなく5、6年かかっているが、許可をとれたこと自体が、治安上の問題がないと確認されたことを意味する。さらにイスラエルはイスラム勢力を、ファタハやPFLPなど反イスラエル武装闘争を続けるPLO系組織に対抗するものととらえていたと考えられる。そして、ヤシーンが代表を務めたイスラム・センターが後にハマスの拠点となる。

このようなことから、「ハマスはイスラエルによってつくられた組織」という見方がある。これは米国と、9・11米同時多発テロ事件を起こしたアルカイダの関係と似ている。1979年の旧ソ連のアフガニスタン侵攻の後、米国中央情報局（CIA）がサウジアラビアやエジプトなどアラブ諸国に働きかけ、「ムジャーヒドゥン（ジハード戦士）」を募ってアフガンに送り、その中に、後にアルカイダのリーダーとなるオサーマ・ビンラディンやアイマン・ザワヒリがいた。旧ソ連が88年にアフガンから撤退を始めると、アラブ人のジハード戦士（アフガン・アラブ）はアラブ諸国に帰国したが、90～91年の湾岸危機・戦争の後、米軍がサウジアラビアや湾岸に駐留し始めると、アルカイダは米軍を侵略軍として敵視し、対米ジハードを始めた。それが9・11米同時多発テロ事件につながっていく。米国は対ソ連ではアルカイダの創設に手を貸したが、米国とイスラム勢力は水と油であり、状況が変われば、イスラムは反ソ連ジハードから反米ジハードに変わる。ハマスによる2023年10月7日の越境攻撃も、同様であろう。

武装闘争に踏み切った二つの要因

ヤシーンによると、モスクを基盤としたイスラム協会やイスラム・センターの活動は公然活動だが「同胞団としての活動はすべて秘密活動だった」という。同胞団の活動というのは、メンバーによる5、6人の「ウスラ」を基本とした政治活動である。ヤシーンは、1982年にガザのムスリム同胞団は武装闘争に入ることを機関決定したと語る。

「私は(イスラエルの占領が始まった)1967年から武装闘争を始めたかったが、私たちには人も金もなく、力がなかった。イスラムの活動は説教、コーラン学習、イスラム教育、講義から始まったが、82年に(占領に)対決することを同胞団の評議会で決定した」

パレスチナの同胞団が1982年に武装闘争を始めることを決定した背景には、大きく二つの要因がある。

第1の要因は、1979年にイランで起こったイスラム革命の影響でアラブ世界にジハード組織が広がったことである。ガザの同胞団メンバーだった内科医のファトヒ・シカキと、宗教者のアブドルアジズ・アウダが80年にエジプトで「パレスチナ・イスラム聖戦」を発足させた。シカキは70年代半ばに10代で同胞団に参加し、ヤシーンのもとで活動に参加していた。その後、エジプトの大学の医学部に入り、パレスチナの同胞団メンバーとして活動していたが、79年のイラン革命に触発され、ガザの同胞団が反占領闘争を行わないことを批判する文章を公表したため同胞団から除名になった。シカキはエジプトでジハード団に接近したが、ジハード団が81年10月にサダト大統領暗殺事件を起こした後、シカキはエジプトを追放されてガザに戻り、イスラム聖戦の活動を始めた。最初はガザでイスラエル占領軍やユダヤ人入植地を批判する冊子やビラを撒くなどの政治活動だったが、84年に占領軍の車両に手榴弾（しゅりゅうだん）を投げたのが最初の軍事行動とされる。

１９８６年ごろには銃撃なども始まった。ガザでは当時、16か所のユダヤ人入植地があり、２０００人ほどの入植者がガザの18%の面積を占有し、イスラエル軍が入植地を守っていた。ガザ民衆の間でイスラエル軍の占領に対する不満が強まる中、ジハードへの支持が高まった。同胞団が非戦路線を続ければ、民衆の間での影響力低下は避けられない状況だった。

第２の要因は、１９７９年にエジプトとイスラエルの間で平和条約が結ばれたことである。

77年にサダトがイスラエルのベギン首相の招きでエルサレムを訪問し、イスラエル国会で演説した。これを契機として米国の仲介で両国は和平交渉を開始し、翌78年にキャンプ・デービッド合意にこぎつけ、平和条約につながった。これに対してヤシーンは「エジプトは合意によって自分の土地（シナイ半島）を取り戻すことができても、一国の問題ではなく、アラブとイスラムの大義の問題であり、エジプトが闘争から離脱するということは、アラブ世界全体が後退し、アラブの大義の終わりを意味する」と語っている。

１９４８年以来、エジプトはアラブの盟主としてイスラエルに対峙してきた。エジプト大統領のナセルは同胞団を抑え込んだが、アラブ民族主義者としてＰＬＯの後ろ盾となった。70年にナセルが死んだ後、後継者となったサダトはエジプト国内でナセル主義者を排除するためにイスラム主義者を支援し、ナセル主義者が抑えていた大学自治会でも「イスラム集団」を名乗るイスラム主義者が自治会選挙を制するようになった。一方でナセル時代に弾圧され、獄中にいた同胞団の幹部・メンバーを釈放し、同胞団は活動を再開した。こうしてエジプトでは同胞団が復活したが、エジプトの同胞団は活動復活と引き換えに武装闘争を放棄した。その後、サダトがイスラエルとの和平に動き、パレスチナ人は単独でイスラエルの占領に対峙しなければならなくなった。

エジプトとイスラエルの平和条約締結は、ガザの現実に大きく影響した。イスラエルが平和条約を結んだのは右派政党リクードが率いるベギン政権の時だが、リクードは１９７７年にそれまで政権についていた中道左派の労働党を初めて選挙で破った。労働党政権下では占領地への入植地建設は限定的で、ガザ周辺にも5か所しかなかったが、シオニズム強硬派のリクードは83年までに入植地をさらに17か所増やした。そのうち7か所は82年に建設されている。同年、イスラエルはエジプトとの平和条約の履行でシナイ半島を返還して撤退しており、シナイ半島の地中海岸にあった八つの入植地は解体され、その入植者がガザの入植地に移った。

入植地はパレスチナ人の土地を強制的に接収して建設するもので、それ自体が住民の反感を買うが、入植地が建設されると、入植地と入植者、入植地をつなぐ道路をイスラエル軍が守ることになり、パレスチナ人は通行を妨げられたり、検問で強圧的な対応をされたりする。そのため、住民との衝突が頻繁に起こることになる。そのうえ、１９８１年に強硬派のアリエル・シャロンがイスラエル国防相となり、厳しい占領政策をとったことで、ガザの住民の反発は強まった。一貫して非政治的で、イスラエル占領政策の下で従順だったパレスチナのムスリム同胞団が82年に武装闘争に入ることを決めた背景には、そのような状況の変化があった。

1983年の秘密会議

組織全体が社会宗教組織だったパレスチナの同胞団の中に反占領闘争を担う政治部門が創設され、ヤシーンがその責任者に任命された。しかし、すぐに武装闘争ができるわけではない。軍事部門をつくり、武器を調達し、戦闘員を集めて軍事訓練を行わなければならない。それもイスラエル軍の占領下で、すべて極秘裏に進める必要がある。ヤシーンは1983年から武器の購入の準備を始めたという。パレスチナの同胞団には反占領闘争よりも社会のイスラム化を優先する守旧派勢力がいた中で、ヤシーンは社会のイスラム化の進展と併せて、30年代のアラブ大反乱につながる祖国解放闘争を志向してきた強硬派のリーダーであり、エジプトやヨルダンなどの大学に留学してガザに戻ってくる若手活動家の支持を集めていた。

ハマスの内部事情に詳しいイスラム政治研究者のアッザーム・タミーミは、著書『ハマス書かれなかった章（Hamas : Unwritten Chapters）』（未邦訳）の中で、パレスチナの同胞団がヤシーンのもとで武装闘争を始めるきっかけになった出来事について書いている。1980年代に入って、在外パレスチナ人の同胞団メンバーの中から「反占領闘争を始めるべきだ」という声が高まり、83年にヨルダンの首都アンマンで、西岸とガザの同胞団メンバーと在外メンバーによる秘密の会議が開かれたという。在外メンバーはヨルダン、クウェート、サウジアラビア、その他の湾岸諸国、ヨーロッパ、米国から出席し、クウェートの代表者によって、パレスチナ「イスラム・グローバル・プロジェクト」が提案された。この会議では、イスラエルの占領に対するジハードを遂行するためにパレスチナの同胞団の戦いを財政支援するという全会一致の決定が下された。さらにパレスチナの同胞団のクウェート支部が調達した総額7万ドルが、ガザの同胞団に最初のジハード計画のための資金として提供されることになった。その資金は、武器や弾薬の購入に使用され、戦闘員を軍事訓練のためアンマンに送ることになった。

一方、2007年から16年まで10年間、ハマスの政治局長を務め、ハマスの顔の1人になっているハーリド・メシャアルは2008年のインタビューで、この1983年の秘密会議について「ハマス結成の礎石を置いた節目」となった出来事だと語っている。彼自身は西岸の出身だったが、家族でクウェートに移住し、彼はクウェート大学に進み、パレスチナの同胞団のメンバーとして学生のイスラム運動勢力の指導者になった。アンマンでの会議については彼自身、「プロジェクトの指導部に最初から関わった」と話しており、タミーミがこの会議の成果の一つとして書いている、パレスチナの同胞団クウェート支部による総額7万ドルの調達にメシャアルが深く関わっていたことが推察できる。

軍事部隊ができたのはインティファーダの3週間前だった

ヤシーン自身も、武器購入の資金調達のためにヨルダンやサウジアラビアに人を送ったと語っている。ヤシーンの指示の下で反占領闘争の開始に向けた準備が始まった。資金調達や軍事訓練はヨルダンのムスリム同胞団と連携して行ったとする。タミーミは、ハマスの１９８３年の武器調達については「ガザの同胞団の執行委員会は知らされておらず、ヤシーンの周辺のごく一部の人間が動いていた」と書いている。ハマスの時代になってからも、軍事部門は政治部門の指令で動くわけではなく、大筋の機関決定に従って、具体的な軍事行動は軍事部門が独自に決定して実行する方式がとられている。それはヤシーンが軍事部門の責任者になった時から始まったのだろう。

ヤシーンは１９８３年の武器調達について、自ら指揮をとって武器調達担当班に密売業者からカラシニコフ銃などを買わせることにし、実際に80丁を調達したと証言している。ただし、銃を売った売人の１人がイスラエル軍の協力者（スパイ）で、銃を購入した人間がイスラエル軍に捕まったことで、ヤシーンに累が及ぶのも時間の問題となった。ヤシーンが武器調達を指示していることを知っているのは直属の幹部２人だけで、１人は出国させたが、１人は捕まり、結局、彼の自白によってヤシーンも拘束された。イスラエルの軍事法廷で「イスラエル国家転覆」の罪を問われ、84年に禁固13年の判決を受けたが、85年にパレスチナ武装組織とイスラエル軍の間の捕虜交換があり、釈放された。タミーミは、83年に調達した武器の半分はイスラエル軍に押収されずヤシーンのもとに残り、訓練をした戦闘員も武装闘争をしないままパレスチナに残っていたと書いている。

ヤシーンは釈放された後、1年間は同胞団の活動に参加せず、モスクでの説教と教宣だけを行っていた。1986年に同胞団の幹部として復帰したが、やはり政治・軍事部門の責任者だったという。これはヤシーンが拘束され、判決を受けて服役している間、新たな政治部門の責任者は指名されなかったということを示す。それだけ、政治闘争ではヤシーンの影響力が強かったということだ。

1986年にヤシーンが政治・軍事の責任者として再び活動し始め、87年11月17日に武装闘争を開始することを機関決定した。その時に、二つの軍事部隊ができた。インティファーダが始まる3週間前である。

1987年はガザで一つの大事件が起きた。5月に占領軍のガザ中央刑務所から「パレスチナ・イスラム聖戦」の6人の政治犯が脱獄した。前述のように、イスラム聖戦は、同胞団から除名されたファトヒ・シカキが組織した武装組織で、ハマスに先立って武装闘争を開始していた。この時の政治犯の脱獄は「ガザ刑務所大脱獄」として現在も語り継がれている事件で、8月には脱獄したメンバーがガザ市中心部の通りでイスラエル軍憲兵隊司令官を殺害した。イスラエル軍が必死で脱獄者の捜索を行う中、10月にはイスラエル軍と脱獄グループの銃撃戦があり、グループのリーダーは死んだが、イスラエル兵士1人も殺された。そのような騒然とした状況に押されるようにして、ヤシーンは武装闘争を開始する決定をし、具体的な準備を始めたことになる。

1987年12月のインティファーダはパレスチナ人労働者が乗っていた車にイスラエル軍のトラックが衝突し、4人が死ぬという交通事故で偶発的に始まったと言われるが、反占領の民衆蜂起が始まる要因や、同胞団が反占領闘争を行う政治組織ハマスを創設する要因は、すでにでき上がっていたことが分かる。住民の間に大規模デモが始まった夕方、ヤシーンのもとに集まった7人の同胞団政治局メンバーは、同胞団が政治闘争、武装闘争に乗り出す絶好の機会が訪れたと考えたことだろう。それゆえに、即時に反占領の政治闘争を開始することを決定し、5日後に最初の声明を出すという手際のよさになったと言えよう。

最初の声明で、同胞団の名前で武装闘争を始めるのではなく「イスラム抵抗運動」という名称を使ったことは、同胞団との関係を公にしないためと見られる。しかし、同胞団がいったん反占領闘争に動き出すと、1967年以来の20年間、ひたすらイスラム社会運動として民衆に浸透して培ってきた社会基盤をもとに、単なる過激派組織とは言えない広がりと深さを発揮することになった。

第3章　武装闘争の始まり

PLOの声明は1か月後

１９８７年12月９日に始まった第１次インティファーダはガザからヨルダン川西岸に広がり、オスロ合意の締結まで続いた。この間のパレスチナ側の死者は１０５９人である。

アフマド・ヤシーンはインティファーダが始まったころの様子を、アルジャジーラのインタビューで次のように語った。

「私たちハマスの幹部は2、３日ごとに会合を開き、毎日の闘争計画を立てた。今日はアルシャティー難民キャンプでストライキをすれば、明日はジャバリアキャンプで行い、さらに翌日は場所を変える。ストライキとなれば道路をバリケードで封鎖し、商店や事務所はすべて閉じて、タイヤを燃やし、イスラエル軍が来れば投石や火炎瓶で立ち向かう。人々は喜んで闘争に参加したが、死傷者も出るし、救急も必要となるし、拘束される者も出る。さらにストライキをすれば経済が止まるので、毎日場所を変えなければ、人々の生活へのダメージが大きくなる。どうすれば人々の負担を減らすことができるかを幹部で話し合い、ストライキの場所を変え、時間も限定して行うような措置をとった」

第1次インティファーダは「モスクの革命」とも呼ばれたという。モスクでの集団礼拝で、同胞団系の宗教者がイスラエルの占領を批判する説教を行い、礼拝の後、そのままデモとなって通りに出ることが目立つようになった。このようなことが始まったのも、モスクを中心に幅広い社会活動を行っていたパレスチナのムスリム同胞団が、ハマスを創設してイスラム抵抗運動を始めたためであった。

ハマスが最初の声明を出したのは、前章で紹介したようにインティファーダが始まって5日後の12月14日である。一方、それまで反イスラエル闘争を主導してきたPLOについて、ヤシーンは「最初は（PLO系の）他の政治組織はインティファーダに関わっていなかったが、次第に組織として占領反対運動に参加し、声明を出すようになり、私たちとの間でストライキの実施で競うようになった」と語っている。

偶発的に始まったインティファーダに対して、政治・武装闘争への転換期を迎えていたパレスチナの同胞団の指導部が即座に対応し、デモやストライキを組織し、5日後に第1声明を出すなど組織的な対応をとったことが、インティファーダを一過性で終わらせず、継続させた要因の一つと言えるだろう。その流れの中で、PLOをパレスチナ人の代表と考える占領地の世俗的なリーダーたちが、インティファーダ統一指導部（UNL）を組織して占領地各地、時には占領地全体でゼネストやPLOへの支持を表明し、パレスチナ国旗の掲示など、占領に抵抗する組織的な活動を実施して、インティファーダを文字通り「民衆蜂起」として発展させていく。ただし、PLOと統一指導部が連名で最初の声明を出したのは1988年1月8日、つまりインティファーダが始まって1か月後である。声明は次のように始まる。

「我が人民の輝かしい蜂起は続く。我々はどこにいようとも我が人民への連帯を表明することの必要性を確認する。私たちは殉教者の純粋な血と拘留された兄弟たちに忠実であり続ける。我々はまた（イスラエルの）国外退去、大量逮捕、外出禁止令、家屋破壊の政策に代表される占領と抑圧政策に対する拒絶を改めて表明する。我々は我々の革命と英雄的大衆とのさらなる結束を達成する必要性を再確認する。我々はまたパレスチナ人民の正当かつ唯一の代表であるPLOが呼びかける惜しみない献身と英雄的な蜂起を追求することを確認する」

この文章の後に、5日後の1月13日にゼネストを実施するという呼びかけが続く。前章で紹介したハマスの声明に比べて、インティファーダの意義は抑えられ、あくまでＰＬＯが進めてきた闘争の継続であり、その一部という位置づけになっていることが分かる。ハマスの声明は同胞団として反占領闘争に参入するという気負いが感じられる熱がこもったものだったが、それに対して、ＰＬＯと統一指導部の声明はあえてトーンを抑制しているように見える。当時、石を持ってイスラエルの戦車と対峙するパレスチナの少年たちのイメージから「石のインティファーダ」と称され、初めてイスラエル占領下にあるパレスチナ人に世界の目が向けられた。注目を浴びているインティファーダがＰＬＯ本部の指令ではなく占領地の住民から始まったことに対して、ＰＬＯ側に警戒感があったと考えられる。

ＰＬＯとハマスの微妙な関係

ＰＬＯは、実質的にはアラファトが率いる主流派のファタハが牛耳っていた。彼らの懸念は二つの意味で的中することになる。その一つは、インティファーダはＰＬＯに忠誠を誓いながらも、ハナン・アシュラウィ（西岸）、ファイサル・フセイニ（東エルサレム）、ハイダー・アブデル＝シャフィ（ガザ）ら現地リーダーたちが占領地での統一指導部を率いてゼネストを成功させるなど非武装の不服従運動を仕掛け、占領地の人々の支持を得て、運動として広がっていったことである。

第1次インティファーダについて、パレスチナ人の歴史家ラシード・ハーリディーは「全体的に見て効果のなかったPLOの武装闘争よりも、インティファーダの方が国際世論に与えた影響は大きい」と評価し、当時モサド（イスラエル諜報特務庁）の長官だったナフーム・アドモニが「インティファーダは、PLOが全活動期間を通して達成したあらゆる成果よりも、私たちに政治的に大きな打撃を与え、私たちのイメージを傷つけた」と語ったコメントを引用した。

もう一つは、インティファーダが始まってPLOを脅かしたのは、それまでPLOがほぼ一元的に担ってきたパレスチナ闘争に、ハマスという対抗組織が生まれたことである。PLOの中では世俗的民族主義のファタハが最大組織で、それに対して、パレスチナ解放人民戦線（PFLP）やパレスチナ解放民主戦線（DFLP）など左派的な組織が対抗するという図式だったが、ハマスというイスラム組織が、PLOの外から初めて出てきた。約20年後の2006年の選挙でハマスはファタハに勝利することになるが、第1次インティファーダでのハマスは、統一指導部に従うわけではないが、あからさまに対立することもなく、競合しつつも緩い協力関係にあった。

ただしヤシーンの証言によると、インティファーダの始まったころ、デモやストライキを両方で行うと住民の負担が大きくなり、不満も出てくるということで、ヤシーンは自ら仲介人を立ててファタハのリーダーの家を訪ねたという。デモやストライキを調整して交互に実施することを提案し、合意したというのだが、交互にストを行っているのに、PLO系の声明では連日ストを行ったと書かれていた。ヤシーンが仲介人に「合意したのではなかったのか」と言うと、仲介人は「彼らは何も守らない」と答えたという。結局、人々の負担を減らすために自分たちのストの回数や時間を短縮せざるを得なかったとヤシーンは語っている。

二つの軍事機関を創設

ハマスの闘争はヤシーンがトップとして率いたが、彼はその地位を表向きには公表せず、メディアの質問には「私は関係ない」と否定し続けた。イスラエルの占領当局も、モスクがインティファーダの拠点の一つになっていることからムスリム同胞団の関与を疑い、1988年1月に、ハマス創設メンバーの医師のアブドルアジズ・ランティシを逮捕した。インティファーダが始まって間もないころ、ヤシーンは占領当局のアラブ担当将校に呼び出されて「インティファーダを停止するという文書を書け」と命じられたという。もし書かなければ南レバノンに追放する、と脅かされた。当時、イスラエルはガザの活動家を南レバノンに追放する懲罰を始めていた。ヤシーンは「私はインティファーダとは関係ないのに、そんな文書を書くことはできない」と拒否した。か細い声で囁くように話す、車いす生活のヤシーンがインティファーダを率いていることにイスラエル軍も半信半疑だったのかもしれない。

ヤシーンは街頭行動と並行してハマスが行った武装闘争についても語っている。ガザの同胞団は1982年に政治・武装闘争を行う機関決定をし、ヤシーンが政治部門の責任者になったが、前章で書いたように、84年に武器調達がイスラエルに発覚して服役した。出所後の86年にヤシーンは再び政治・軍事の責任者として活動し始め、87年11月17日に武装闘争を開始することを機関決定した。その時に二つの軍事機関の創設を決めた。

一つは、ハマスの創設メンバーの1人でヤシーンの右腕となるサラーハ・シェハーダに、イスラエル軍や入植者を攻撃するために「パレスチナ・ムジャーヒドゥン（ジハード戦士）」という武装組織をつくるように指示した。それとは別に、「アルマジド（栄光）」というイスラエルのスパイを摘発する治安部門の創設も決めた。アルマジドの責任者は2人いたが、その1人ヤヒヤ・シンワールは2023年10月7日の越境攻撃の際のガザの政治指導者である。

ヤシーンの証言によると、ムジャーヒドゥンが武装闘争をしたのは、インティファーダ後の1988年6月から7月にかけてだ。二つの部隊が、ジャバリア難民キャンプとガザ北部のベイトハヌーン地区で計5か所の道路に爆発物を仕掛け、イスラエル軍やユダヤ人入植者の車両が来ると遠隔操作で爆弾を爆発させる作戦だった。ヤシーンは「車は破壊されたから死傷者が出たはずだが、イスラエル軍は発表しなかった」と語っている。この時の軍事部門はイスラエル軍に摘発され、メンバーが拘束された。

その後、8月には「ハマス憲章」と呼ばれるハマスについて規定した文書を発表。その中でジハード（聖戦）を宣言し、全パレスチナの解放と、イスラエルの抹殺を掲げた。この前後の2か月ほどの間に、イスラエル軍による最初のハマス幹部大量逮捕があり、アッザーム・タミーミによるとランティシ、シェハーダ、ヤズーリら、ヤシーン以外のハマス創設メンバーを含む120人の幹部が逮捕されたという。タミーミは、ヤシーンだけ逮捕されなかったのは、イスラエル軍がヤシーンを泳がせて24時間監視下に置き、ハマスの活動の全容を知ろうとしたため、と書いている。

「101部隊」による、初のイスラエル兵殺害

ヤシーンは1人になった後、「101部隊」という名称の、イスラエル兵や入植者を拉致・殺害するための新たな部隊をつくった。101部隊は1989年2月と5月にそれぞれ1人の

イスラエル兵を拉致して殺害した。それがハマスにとって初めてのイスラエル兵殺害だった。2月の殺害は、ガザの北10キロほどのところで、ユダヤ教超正統派男性に変装したハマスの過激派2人が乗った車が、道路でヒッチハイクの車を待っていたイスラエル兵を乗せ、車内で撲殺して現場近くの野原に埋めたというもの。イスラエル軍の捜索で3月初めに遺体が発見された。さらに5月初め、休暇中でヒッチハイクをしていた兵士を同様の方法で車中で殺害して埋めた。行方不明となった兵士の捜索が軍によって行われ、ガザ北部で見つかった車から血痕や兵士の指紋が確認されたが遺体は発見されなかった。兵士の遺体が見つかったのは7年後の96年のことである。

101部隊についてヤシーンは次のように証言している。

「まず、部隊は入植地を攻撃して発砲したが、何も起こらなかった。その後で入植者を攻撃した。それはシェイク・ラドワン村で井戸を掘るユダヤ人の請負業者だったが、彼は武装しており、軍事的によく訓練されたやり方で反撃して逃げられてしまった。その後、（ガザから）イスラエル側に出て、最初の兵士を誘拐した。武器を奪って殺害し、埋葬して家に帰り、私に連絡してきた。私は彼らに『（作戦のことは）秘密にしておけ』と命じた。その後、部隊は別の兵士を誘拐し、殺して埋葬し、彼の武器を奪って戻ってきた。イスラエル軍は非常に混乱し、数百人の兵士を率いて兵士の行方を捜索していたが、何も見つからなかった。私はその様子をテレビで見ていた。私はイスラエル軍と衝突しないように秘密裏に作業をした。我々は自分たちの行動を明かす必要はないし、イスラエル軍を闇の中に置いておくのがよいと思った。ところが、部隊の行動にミスがあって、作戦に使った車を（イスラエル側に）乗り捨てないでガザに戻ったために、痕跡をもとに車を発見された。イスラエル軍は車の周辺にいた者たちを拘束したが、作戦を実行した若者たちは全員がシナイ半島に逃げて捕らえられなかった。しかし、軍はのちに101の責任者を捕まえて、厳しい拷問をした」

101部隊の司令官はムハンマド・シャラティハという人物で、1984年にヤシーンと一緒に拘束されたが、イスラエル軍の拷問を受けても全く自白しなかったことが買われて、部隊の責任者に任命された。イスラエル軍はこの時、650人のハマス関係者を拘束した。

イスラエルによる過酷な拷問

この時、ヤシーンも拘束された。イスラエル軍は午前9時過ぎに家に来て、ヤシーンと、16歳の息子アブドルハミドを連行した。ヤシーンは、胸に青くあざができるほど殴られたと証言しているが、拷問には身体的に耐えられないと判断したのか、彼に対するものではなく、彼の前で息子に対して4人がかりで殴る蹴る、窒息させるなどの暴行を繰り返し加えて「息子を助けたいなら自白しろ。ハマスはもう終わりだ。お前もおしまいだ。知っていることをすべて言え」とヤシーンに迫ったという。ヤシーンは自白しなかったが、拘束された初日にサラーハ・シェハーダやシャラティィハら幹部の数人が次々とヤシーンの前に引き出された。シェハーダは「私はあなたから2500ドルを受け取りました」と言い、別の者は「あなたからイスラエルのスパイは殺してもよいというファトワ（宗教見解）を受けました」と言った。ヤシーンは「分かった」と答えたという。もちろん、彼らの自白は拷問によるものだが、ヤシーンは「迫害は死よりも、もっと悪い」というコーランの章句を引用して、拷問の過酷さを語った。「死は過ぎてしまえば終わりだが、拷問が続けば人は死ぬこともできない。人は拷問に耐えられるものではない。前回の拘束時には自白しなかったシャラティィハでさえ自白するほど、その時の拷問は過酷だった」と語っている。

ヤシーンの証言によると、それから4日間寝ることも許されず、車いすに座ったまま尋問を受けた。4日目には気を失って、床に崩れ落ちたという。イスラエル軍はハマスの組織や活動のすべてについて知ろうとしたという。この時、ガザでのハマス関係の逮捕者は最終的に1500人に達した。しかし、ヤシーンは「（インティファーダは）大衆の問題であり、現在の指導部が倒れれば、すぐに新たな指導部が出てくる。大衆の中に基盤も根っこもある」と語っている。

ヤシーンは殺人を許すファトワを出していた

先述したように、ヤシーンは１９８７年11月に、パレスチナ・ムジャーヒドゥンや１０１部隊など対イスラエルの武装闘争を担う武装組織とは別に、「アルマジド」というイスラエルのスパイを摘発する治安部門を創設した。

アルマジドは、同年12月に第1次インティファーダが始まる前に、イスラエルの通報者を殺害したという。１９８４年にヤシーンが始めた武器調達がイスラエルの協力者に知られたことで計画が潰され、自身の拘束にもつながったことから、ヤシーンは「イスラエルのスパイの脅威が大きいことを知り、排除しなければならないと考えた」と話す。スパイの排除はインティファーダよりも前に始まり、ヤシーンが89年に拘束されるまでに3人のイスラエルのスパイを捕らえて尋問し、処刑して埋めたという。

占領が始まった１９６７年以降、イスラエルのスパイという疑いがかけられた人物が、縛られてガソリンをかけられて焼き殺され、路上に放置されるリンチが数多くあった。ヤシーンはスパイの疑いのある人間を拘束して尋問し、イスラム法に基づいて処罰しようとしたという。通報者を処刑した時も、秘密裏に埋めたという。ただしヤシーンが服役している間に、ハマスによる通報者の処刑が急増していることを聞いて驚き、「人間の命を軽視してはならない。通報者の処刑は慎重に、自制的に行うべきだ」というメッセージを組織に送ったと語っている。

1989年5月にイスラエルに拘束された後、ヤシーンは、メンバーが認めたことは受け入れることにした。つまり、自分がファトワを出し、占領に反対して動き、インティファーダを起こしたことは認め「占領に抵抗するのは私たちの権利だから」と付け加えた。軍事部門の活動については、イスラエルの通報者を殺害するファトワを出したことは認めたものの、イスラエル兵の殺害を命じたことについては否定した。裁判では、イスラエル兵の殺害とイスラエルの通報者の殺害の両方で終身刑の判決を受けた。

ここで、ヤシーンがファトワを出したということをハマスの幹部が述べ、ヤシーン自身もそれを認めていることが重要である。殺人はイスラムでは禁止されており、それを犯せば地獄に行くことになる。イスラエル兵にしても、イスラエルへの通報者のパレスチナ人にしても、殺人を許すためには、宗教者がイスラム法を解釈して、殺人ではなくジハードであると裁定するファトワが必要になる。イスラムでは、イスラム法学者ではない人間が勝手にイスラムを解釈することは許されない。ヤシーンは宗教者につける「シェイク」という尊称をつけて「シェイク・ヤシーン」と呼ばれ、日本のメディアでも一般的に「ヤシーン師」と表記されている。しかし、カイロにある宗教者（イスラム法学者）を養成するアズハル大学などに通ってイスラム法を修めたわけではない。ファトワはイスラム法学を学んだ宗教者が出すことができる宗教見解であるため、厳密に言えばヤシーンはファトワを出す立場にはない。だが、ハマスの中ではファトワを出す宗教者として認識されていたということである。

政治部門と軍事部門は出自が違う

アルジャジーラのインタビューで、ヤシーンは武装闘争を行う戦闘員の人選について語っている。「どのように軍事部門のメンバーを選ぶのか」という質問に対して、「第1に重要なのは、信仰心が厚いこと。信仰心があり、ジハードに対する熱い思いを持っていること。私たちは、自己犠牲の意識があり、過去に（抵抗運動で）何度も拘束された者を選ぶ。彼らは忍耐力と（イスラエル軍に対峙した）経験があるからだ」と語った。

私がガザで取材した経験では、早朝のモスクで行われるファジュル（夜明け）の礼拝を欠かさない若者がリクルートされるという話を聞いたことがある。武装闘争と言えば、正義感や復讐心などで志す若者が多いと考えられるが、まず信仰心を重視するのは、いかにもイスラム組織らしい。さらに、信仰心を重視するということは、武装部門の中にイスラエルの協力者が入ってくるのを防ぐためという現実的な見方もできる。

戦闘員の勧誘については、101部隊の責任者に選任されたムハンマド・シャラティハが、白羽の矢を立てた若者にハマスと明かさずに「武装闘争を行うつもりはないか」と秘密裏にメモを手渡す。若者がそれに応じれば、実際に会うことになる。ただし、部隊のメンバーは自分たちのメンバーのことだけしか知らず、ヤシーンのことや組織のことについては何も知らないという。戦闘員の選任はシャラティハに任されていたが、誰を戦闘員に入れるかについては、すべてヤシーンに連絡が行き、その若者について調べて、悪い情報があれば選任を拒否するようにとのメッセージを送ったという。

1989年に服役する前のヤシーンは、政治部門と軍事部門の両方を仕切っていた。しかし、ヤシーンが獄中にいた91年に、新たな武装部門としてイッズディン・カッサーム軍団が創設された時、この軍団のことはしばらく政治部門に知らされずに、独立して組織されたことが分かっている。

カッサーム軍団については後章で取り上げるが、ハマスは大衆運動としての「イスラム運動」を行うムスリム同胞団が、インティファーダに参加するために発足させたものだ。「イスラム抵抗運動（ハマス）」の第1の声明を見る限り、政治部門が呼びかけたのは民衆を動員した反占領の街頭運動である。そこで「殉教精神」を強調したのは、武装したイスラエル軍の銃口の前で、死を覚悟で、抗議行動を行うことを鼓舞するためである。

一方、武装闘争はインティファーダの前にムスリム同胞団として決定、組織されていたもので、イスラエル兵や入植者、さらにはイスラエル軍の協力者（スパイ）を攻撃して、占領そのものに打撃を与えるものである。協力者の排除はハマスの創設前から実施されていた。イスラエル軍や入植者を攻撃するパレスチナ・ムジャーヒドゥンから101部隊、イッズディン・カッサームと名前が変わった軍事部門は、インティファーダへの参加とは別に、同胞団の武装闘争開始の方針として創設されたのである。

一般的にはハマスに政治部門があり、その一部として軍事部門があると考えがちだが、ハマスの政治部門はインティファーダを契機として生まれた反占領の大衆運動を指導するものであるのに対して、軍事部門は大衆運動ではなく、秘密裏に戦士を集めて閉じられた組織で行う武装闘争を担うものであり、ハマスによって決定されたものではなく、同胞団の決定から生まれた。つまり、パレスチナのムスリム同胞団は、反占領のイスラム大衆運動を指導する政治組織としてのハマスと、イスラエル占領軍に軍事的に対抗する武装組織の二つを別々に生んだということになる。当初は、ヤシーンが政治部門（ハマス）と、軍事部門（パレスチナ・ムジャーヒドゥン、101部隊）の双方を率いていたが、ヤシーンが投獄されたことで、政治部門ハマスと軍事部門イッズディン・カッサーム軍団は、指揮系統も独立したものとなる。

なぜ、そのことが重要なのか。

2023年10月7日のカッサーム軍団による越境攻撃と、その後に始まったイスラエルによる報復的なガザ攻撃で、カッサーム軍団は地下トンネルを使ったゲリラ戦でイスラエル軍と戦うが、ガザ民衆を一切守ることはなく、民衆はイスラエル軍の破壊と殺戮（さつりく）の犠牲になるだけという状況が生まれている。カッサーム軍団の意識は民衆に向いているわけではなく、ただイスラエルとの戦いに向いている。カッサーム軍団をハマス指揮下の「軍隊」と考えるならば、軍隊はハマスの指導部や国民を守るはずなのに、カッサーム軍団は守らない。これは奇妙なことに思えるかもしれないが、カッサーム軍団はハマス指揮下の軍隊ではなく、イスラエルの占領軍と戦う「ジハード」を実践する神聖な任務を実行していると考えれば、その行動は理解可能である。

第4章　人々を支える社会慈善運動

ハマスの普段の顔は社会慈善組織

ハマスと言えば、日本人の多くが「テロ」という言葉を思い浮かべるかもしれないが、第1章の冒頭でハマス系の社会組織サラーハ協会の病院やコンピューター教室を紹介したように、パレスチナ、特に本拠地のガザの中で日常的に目にするハマスは、イスラム的な社会慈善組織である。

ハマス設立の中心人物アフマド・ヤシーンは、エジプトで大学教育を受け、ガザで学校教師をしながら、パレスチナでの同胞団メンバーとして1967年にモスクに併設してイスラム協会を設立し、教育プログラムや社会事業、慈善事業を始めた。また、イスラム・センター（ムジャンマ・イスラミ）を設立し、さらに孤児を無料で受け入れる小中高一貫校を運営するサラーハ協会を発足させるなど、社会事業を拡充させてきた。

ガザでのハマス系の社会慈善組織には、イスラム協会、イスラム・センター、サラーハ協会の三つがある。三つとも、パレスチナ自治政府の下ではNGOとして社会問題省に正式に登録され、湾岸諸国や欧米にあるイスラム社会組織から援助を受けていた。私は1990年代半ばからカイロのムスリム同胞団系の慈善組織を取材してきたが、エジプトの同胞団は非合法組織で、表向きは同胞団系であることは隠して活動しており、同胞団系の慈善組織は看板も何もない目立たないビルの一室で秘密組織のように活動していた。それに比べると、ハマス系の社会組織は三つとも公的に承認され、ガザの全域に支部を持ち、数千、数万人単位で貧困家庭や孤児支援をしている。エジプトの同胞団系の組織よりも明らかに巨大で、組織化され、サービスも充実していた。

難民キャンプでの食料、教育、医療支援

2007年10月、ガザ市の北にあるガザ最大の難民キャンプ、ジャバリア難民キャンプの中にあるイスラム協会ジャバリア支部を訪ねた。協会の入り口で、何人もの男たちが大きなビニール袋を手に提げて出てくる。その1人を呼び止めると、イブラヒムと名乗る45歳の男性は、

月に1回の無料食料配布の日だと言う。イブラヒムは「以前はイスラエルの建設現場で働いていたが、6月からイスラエルに行くことができなくなり、収入がなくなったので、この協会の支援を受けている」と語った。

この年の6月には、ハマスの軍事部門がパレスチナ自治政府の警察・治安部隊を排除してガザを武力で制圧したために、イスラエルが封鎖を始めた。封鎖前は12万人のパレスチナ人がガザからイスラエルに働きに出ていたが、封鎖によってほとんどが失業し、生活困窮者が増えた。イブラヒムがこの日、配布された食料バッグを開いて見せてくれた。豆、お茶、小麦、パスタ、砂糖などが見える。「これだけだと数日でなくなるが、収入がなくなった時に援助してもらえるのはありがたい」と語る。子供は息子2人、娘4人の計6人で、幼い2人以外は国連パレスチナ難民救済事業機関（UNRWA）の学校に通っている。9月に新学年が始まった時には学校バッグが配布され、その中にノートや鉛筆など学用品が入っていた。9月はイスラムのラマダン（断食月）にあたったので、特別に食料バッグが配布され、子供たちには新しい服が配られた。「最近、2歳の末の娘に熱が出た時に、協会に所属するイスラム・クリニックに連れて行った。医療費は免除だった。4歳の娘は今年から協会がやっている幼稚園に通っている」と語った。

アラファトの後を継いだアッバスが議長として率いるファタハが主導するパレスチナ自治政府の時代と、ハマスが支配してからの時代と、何か状況の変化があったかどうかを質問すると、イブラヒムは即座に「町の治安がよくなった」と答えた。「以前は、武器が町のいたるところにあって、昼間でも銃を持った男たちがうろうろして、車が盗まれたり、店に強盗が入ったりして、治安が乱れていた。外出するのが怖いこともあった。ハマスになって、交通警察官も増えたし、治安は確実によくなった」。イスラエルの封鎖が始まったのはどう思うのか、と質問すると「政治のことは分からない」と言葉を濁したが、「早くまたイスラエルに働きに行くことができるようになって欲しい。ガザでは国連の建設プロジェクトなどで仕事にありつくこともあるが、それだけではとても足りない。子供たちはまだ小さいし、いつまで封鎖が続くのか、将来を心配している」と語った。

孤児1人あたり30~50ドル、貧困家庭に月200ドル平均を支給

ジャバリアキャンプでイスラム協会の孤児支援を受けているナジュワ・ファラハト（49）の家を訪ねた。ナジュワは「この成績を見てちょうだい。1番よ」と、UNRWA学校の小学2年生の6男の成績表を見せ、「これならクウェートの団体も支援を続けてくれるはずよ」と笑

顔を見せた。子供たちはイスラム協会を通じて、クウェートのイスラム慈善団体の孤児支援を受けている。ナジュワの夫は、6年前に病死した。6男4女を抱え、一番末の子は5か月だった。夫はファタハのメンバーだったが、ファタハの支援だけでは足りず、知人に教えられてハマス系の慈善組織であるイスラム協会に援助を申請した。援助はすぐに認められた。協会を通して、子供たちはクウェートやヨルダンの団体から月々400シェケル（約1万2000円）の援助を受けた。協会からは9月の新学年に学用品や制服が贈られ、ラマダンには小麦や米、食用油、砂糖など30キロの食料配給がある。協会は診療所も経営し、孤児は無料で診てくれる。ナジュワは「イスラム協会のおかげで夫が死んだ後も何も困らなかった。ハマスの強引なやり方はいやだが、協会にはハマスもファタハもない」と語った。

イスラム協会ジャバリア支部事務局長のムニール・アブルジドヤンは「12万人が住むジャバリアキャンプで母子家庭1200世帯と貧困家庭454世帯を支援している。ここでは失業率は41%に上り、82%が貧困ライン以下の生活をしている」と言った。協会は家族の状況に応じて、孤児1人あたり30～50ドルを支給している。

イスラムでは、父親がいないだけでなく、働き手が高齢や病気で働くことができない家庭の子供も孤児支援の対象とみなされる。イスラム協会は貧困家庭には月200ドル平均を支援している他、基礎食料品の食料バッグを配布している。2007年のガザの年齢中央値は18歳であり、人口の半分は子供である。協会では、1家族の人数を8人で計算している。もし子供が多ければ、さらに支援額を増やす。協会はさらに社会事業として七つの幼稚園を運営し、1000人の園児を抱える。診療所の他、事業としてパン屋や雑貨店も経営する。アブルジドヤンは「昨年の総事業費は支部だけで100万ドル（約1億1500万円）。今年は経済封鎖によって人々の経済状況もより厳しくなるから受益者が増加し、事業費も増えそうだ」と語った。

また、ラマダンはイスラムの聖なる月であり、夜の結婚式も盛んに行われる。イスラム協会は110組の集団結婚を実施し、それぞれ新カップルに300ドルを贈った。

私が訪ねた時はラマダンが終わった後で、アブルジドヤンは「ラマダンの間の特別支援として、登録している家族に食料の詰め合わせを配布し、孤児たちに服や靴の贈り物などを配布した」と語った。そのためにイスラム協会は20万ドル（当時約2300万円）を出費し、ラマダンが終わると3万ドルの資金不足となった。「資金は湾岸のある国の慈善団体からの送金だった。しかし、武装闘争に流れているという疑惑をかけられて、2回送金してもらって2回とも銀行で止められた。その分の赤字だ」。協会はモスクを通して人々に「ザカート（喜捨）」を呼びかけた。その呼びかけによって、地域内の商人やビジネスマンら豊かな階層からの寄付が増えたという。

イスラム協会に対する海外からの送金を停止したのは、ヨルダン川西岸のパレスチナ自治政府だという。2007年の6月に、ハマスはファタハ中心の自治政府の治安部隊・警察を排除してガザを支配したため、自治政府との関係は最悪だった。「自治政府はガザのハマス系組織への送金が（軍事に）流用されていると言いがかりをつけて送金を妨害した。我々が外国の慈善団体から受け取る援助金はすべて民衆の救済に使われていることは、彼らも知っているはずだ。ハマスが政権をとる前の3年間、私たちは自治政府の会計監査を受けて何の問題もなかった」とアブルジドヤンは訴えた。

過酷な医療の実態の中、ハマス依存が強まる

私は2007年10月、ガザ最大のシファ病院（450床）も取材した。院長室に通されると「（経済封鎖で）麻酔ガスの予備がなくなった。もう緊急手術以外はできない。ガスがなくなれば緊急手術もできなくなる」とハサン・カラフ病院長（当時）が西岸のパレスチナ自治政府の保健省に電話で訴えているところだった。

シファ病院は、ハマスがガザの武力制圧に出る前月の5月に683件の手術を実施した。当

時１５０万の人口を抱えるガザの基幹病院として、診療所や他病院で手に負えない患者の受け入れ先でもあった。オスロ合意の後には、日本政府も病院の支援プロジェクトを実施した。だが、ハマスのガザ制圧後にイスラエルの封鎖が始まって、９月から抗がん剤が底をつき、重要な抗生物質も不足している。病院長の横で、アシュール副院長は「イスラエルは人道援助物資は止めていないというが、この病院の実態を見れば現実は明らかだ。検査機器の試薬もない。ＣＴスキャンは壊れたままで修理部品がない。Ｘ線のフィルムも不足している。封鎖の下で日一日と機能がマヒしてきている」と訴えた。

さらに病院の人工透析室を訪ねると、もともと30台の人工透析器があったが、11台は故障で使えなくなり、私が見た時には19台だけが稼働していた。別の部屋には故障した透析器が並んでいた。ガザでは地下水が塩水化し、飲むのに適していないが、貧しい人々は飲料水を買うことができずに塩水を飲み、調理用にも使う。そのため、人口の４割近くが何らかの腎臓の病気を抱えており、人工透析をしなければならない割合が高いという。透析は週３回、４時間受けなければならないため、病院では夕方６時までだった人工透析室を夜中の12時まで開いて、透析器の不足を補っている。

麻酔ガスの不足は、自治政府の保健省を通じて赤十字国際委員会（ＩＣＲＣ）ガザ事務所に伝えられるという。同事務所はエルサレム事務所に緊急に麻酔ガスの調達を依頼するといった。ICRCガザ事務所の広報官は「麻酔ガスだけではない。封鎖によって建設資材も全く入らず、粉ミルクなどの食品も不足している」と語った。

2007年10月上旬に発表された国連の「ガザ人道援助状況」報告書は、「6月10日から9月13日まで1日106台のトラックがガザに入っていたが、9月中旬以降は1日50台に減った。人道援助プログラムの実施にも困難が生じている」「世界保健機関(WHO)が定める必須医薬品モデルリストのうち最も重要な61品目は品切れで、他の125品目も2~3か月の在庫しかない」と指摘した。

封鎖によって、人々はガザの外に出ることも厳しく制限された。ガザにある民間のワファ病院では、9月に脳卒中で昏睡状態に陥った60代の女性をイスラエルの病院に送ろうとした。しかし、検問所通過の許可をとるのに20日かかり、女性はイスラエルに着いて2日後に死亡した。アリ・ハサン副院長・看護師長は「封鎖ですべてが手遅れになる」と語った。それ以前は、ガザの病院で治療できない患者は医者の紹介状を持って申請すれば、イスラエル国内やエジプト、西岸の病院で治療を受ける許可が出ていたが、国連報告書では「ガザから治療のためエレズ検問所を通過する人は7月の1日40人から、9月は1日5人以下になった」と指摘した。

封鎖の影響は病人たちには致命的だ。しかし、封鎖によって失業が蔓延し、経済が厳しくなる中で、国際的なイスラム・ネットワークを構築し、資金調達の手段を持っているのはハマスだけだ。イスラエルの封鎖下にあり、イスラム教徒の受難の象徴ともなっているガザに、アラブ・イスラム世界から現金での寄付が集まってくる。ガザの人口の7割を占めるパレスチナ難民に食料配給、教育、医療などのサービスを提供するUNRWAのジョン・ギング所長（当時）は「我々の援助は難民の生活の6割をカバーするが、残りはハマスが補っている」と語り、「国際社会が制裁をしても、人々はますますハマスに依存するようになるだけで、ハマス政権が揺らぐことはない。制裁は民衆を苦しめるだけで、ハマスに対しては逆効果だ」と付け加えた。

米国は社会慈善組織を制裁対象に認定

ハマス系とされる社会慈善組織について、イスラエルは「テロの温床であり、テロのインフラだ」と非難し、敵視する。米国も1997年にハマスをテロ組織に指定し、2007年に米国財務省はサラーハ協会をハマスの系列組織として制裁対象に認定した。財務省認定時の文書では次のように書いている。

「財務省外国資産管理局（OFAC）のアダム・シュービン局長の報告によると、ハマスは他の多くの慈善活動組織と同様に、テロリストに資金を提供するためにサラーハ協会を利用してきたという。今日の措置は、サラーハ協会の真の姿を世界に警告し、米国の金融システムから協会を遮断する措置である。サラーハ協会はインティファーダ中にハマスに所属する戦闘員を支援し、若者を集めて、ハマスの活動を支援するように教育した。また、ハマスの土地を購入して商店、幼稚園とし、ハマスに資金を提供した。ガザを拠点とするハマスの最高幹部であり、創設者の1人であるイスマイル・アブシャナブは、サラーハ協会をハマスの福祉を担う三つのイスラム慈善団体の一つとして公然と認めている。サラーハ協会はペルシャ湾岸諸国から多額の資金提供を受けており、その中にはクウェートの寄付者からの少なくとも数十万ドルも含まれている」

さらに、サラーハ協会とハマスの軍事部門イッズディン・カッサーム軍団との関係については次のように書く。

「サラーハ協会はハマスの軍事部門メンバーを多数雇用している。2002年後半、ガザのサラーハ協会の職員が、ガザのマガジ難民キャンプにあるハマスの軍事組織の主な指導者となった。サラーハ協会のマガジ支部の創設者で元代表も、マガジのハマスの軍事部門組織のメンバーとして活動し、武器取引に参加したと伝えられている。さらにマガジ難民キャンプの他のハマス組織との連絡役を務めた。ガザのマガジ難民キャンプにいる他の少なくとも4人のハマス軍事部門メンバーがサラーハ協会と結びついていた」

米国財務省の記述は、ハマスを常時監視しているイスラエル情報機関の情報だろうし、いずれも事実であろうと思われる。ただし、ハマスが活動するガザ、西岸はイスラエルの軍事占領下にあり、イスラエルはハマスの軍事闘争に「テロ」のレッテルを貼るが、パレスチナ人にとっては占領に対する抵抗運動である。米国財務省の記述にある「ハマスの福祉を担う三つのイスラム慈善団体」というのは、サラーハ協会の他に、ここで紹介したイスラム協会、イスラム・センターのことである。

これらの社会慈善組織の孤児支援の中には、イスラエル軍の攻撃で死んだパレスチナ人がおり、その中には死んだハマスの戦闘員の子供たちもいるだろう。ハマス系の社会組織にかかわらず、アッバスが率いるファタハ系の社会組織であれ、政治組織とは結びついていない社会組織であれ、パレスチナではイスラエルの占領を受け入れるという判断はあり得ない。幼稚園や学校、社会活動でパレスチナの旗を掲げて〝祖国〟パレスチナについて教えれば、占領と戦うことがパレスチナ人の義務だという考えにいたることも想像できる。米国財務省が慈善組織であるサラーハ協会を「テロ支援組織」と認定して制裁を課しているという事実は、「軍事占領への抵抗」とハマスが位置づける武装闘争を「テロ」とするイスラエルの見方を同盟国の米国が支持し、支援しているということになる。

「支援金を軍事部門に回している」という風説は本当なのか？

ただし、ハマス系の三つの社会慈善組織の幹部に話を聞くと、口を揃（そろ）えて「我々はハマス傘下ではない」と言う。ただ、その協会幹部らがハマス系候補として選挙に出ることも、ハマス政権の要職につくことも普通に見られる。ハマスの戦闘員が日常的に社会慈善組織の職員として働いていることもある。「ハマスの傘下ではない」と言うのは、ハマスとは関係ないということではなく、慈善組織はハマスの政治・軍事部門の統制下にあるわけではない、という意味である。

ハマス系の社会組織は「慈善」を掲げながら、外国から入ってくる支援をハマスの軍事部門に回しているのだろう、と考えるかもしれないが、ガザで取材をするうちに、社会組織と政治・軍事部門が別だということが分かってきた。金銭上、会計上も、政治・軍事部門のハマスから独立している。また、ガザの孤児支援や貧困家庭の支援として湾岸諸国の社会慈善組織から送金されてくるお金がハマスの政治部門や軍事部門に流れることは、イスラムの文脈ではあり得ない。イスラム組織は孤児や貧者を助けることを求める神の教えに従って、イスラムの義務として信者から喜捨を集める。信者の喜捨は「神への貸付」とみなされ、自身が天国に行くための「アッラーへの貸付」となる。しかし、そのようになるためには、喜捨を預かる社会組織はその行き先や用途を厳密に確認する必要がある。イスラム組織を通して孤児や貧困者の支援を受けるためには、父親の死亡証明書など孤児であることや働き手が病気で収入がないことを証明する書類を一緒に送らねばならない。ハマス系の社会慈善組織は、貧困家庭支援や孤児支援など、イスラムの義務として用途が決まっている慈善のお金を託されているわけで、それが政治部門のハマスや軍事部門カッサーム軍団に流れたとなれば、喜捨をした者を裏切るだけでなく、アッラーを裏切ることになり、イスラム慈善組織としての信頼を失うことになる。

さらに重要なことは、イスラエルと戦うハマスに対するアラブ・イスラム世界からの支援は、社会慈善事業の資金を流用する必要がないくらい集まっているということだ。ハマスは潤沢な資金を持つ闘争組織なのである。もちろん、ハマス系の社会慈善組織が支える孤児には、イスラエルとの戦いで殉教したハマス戦闘員の子供も多く含まれているが、ハマス系社会慈善組織が支援する家族の中にはファタハ系の父親が死んで困窮する家族もあり、支援の対象は、ハマスの政治を越えて、ずっと幅広い。ハマス系の社会慈善組織に携わる人々に話を聞いてみると、

「イスラエルの占領と戦っているのはハマスだが、占領下にあるガザの社会を支えているのは自分たちだ」という自負があると力強く語った。

戦うジハード（聖戦）だけがジハードではない

政治組織としてのハマスと、関連する社会慈善組織との関係を考える時、ハマスの母体であるパレスチナのムスリム同胞団が、1950年代から70年代まで、イスラエルに対する反占領闘争をせず、専らモスクを拠点としてイスラム的な社会慈善活動をしていたことを思い起こす必要がある。

アラブ世界にある同胞団の流れをくむ組織にとっては、「ダーワ（教宣、呼びかけ）」と呼ばれるイスラムの教えに基づいた善行を行うことで、社会を「イスラム化」することが最も重要な活動である。世界の同胞団系組織の教科書であるエジプトの同胞団創設者ハサン・バンナーの著作にある「ジハード論」では、敵と戦うことは「小ジハード」で、「心や精神のジハード」を「大ジハード」とするイスラムの伝統的な考え方が紹介されている。同胞団の活動では、イスラムの地を侵略する敵と戦う「戦闘的ジハード」の他に、自身を律して、神の教えに基づいて社会活動や文化活動、スポーツ活動を行うことを最重要なジハードと位置づけている。その意味では、ハマスを創設する前のパレスチナの同胞団も、イスラム的な社会活動というジハードを進めてきたのであり、イスラエルの占領と戦うハマスのジハードだけがジハードだ、と考えているわけではないということである。

私は2001年8月に、当時、ハマスのガザの政治指導部でヤシーンにつぐナンバー2の地位にあったアブシャナブにインタビューした。ガザの難民家族の出身で、エジプトの大学で土木学を専攻し、米国で修士号をとり、ガザに戻ってイスラム大学で講師として教えている。ハマスの中では殉教／自爆攻撃に反対を表明している人物だった。ガザのイスラム慈善組織の話になり「ハマスは全体でどのくらいの家族を支援しているのか」と質問した。すると、アブシャナブは意外な顔をして「我々ハマスが家族を支援することはない」と答えた。続けて「家族を支援しているのは、イスラム運動をする市民社会組織の仕事だ。社会組織には、イスラエルとの戦いで命を落とした殉教者の家族を支援するNGOもあれば、イスラエルに拘束されている政治犯の家族を支援するNGOもある」と言った。私は「では、そのような社会組織とハマスはどのような関係なのか。ハマスの傘下にあると言われているが」と問うと、アブシャナブは「我々は政治組織であり、社会組織とは異なる。社会組織は我々の傘下にはない。それぞれ資金も組織も独立していて、自治政府の法や制度の下で認可されている」と答えた。

社会慈善組織はハマスでなく社会を支える

アブシャナブが「ハマスが家族を支援するわけではない」と言い切る背後には、ハマスによるイスラエルとの戦いについての考え方がある。アブシャナブはこう語った。

「ハマスはイスラエルに比べれば小さな組織で、Ｆ16戦闘機も戦車も持っていない。軍事的には圧倒的に向こうが強い。しかし、私たちは決して降参することはない。第２次インティファーダが始まっていま11か月で、パレスチナ側は６００人が死に、イスラエル側は２００人弱の死者だが、イスラエルとの間には圧倒的な力の差があるのだから、犠牲の差が出るのがあたり前だ。だが、我々は決して抵抗を諦めない。私たちは自分たちが犠牲を払うことによって、占領者に痛みを与え続ける。占領者が撤退するまで、私たちは抵抗を続けるのだ。抵抗することを止めれば、私たちには何も残らない。抵抗し続ける限り、私たちには名誉と尊厳がある」

つまりハマスの活動は、人々を守ることではなく、人々に「殉教」という犠牲を強いるものだということだ。これはハマス発足後の第1声明文から一貫している。パレスチナ人がハマスを支援して、その支持者として反占領デモに参加したり、戦士になっていったりするのは、ハマス系の社会組織が人々を慈善活動で支援しているからというだけでなく、ハマスが抵抗運動という形で「殉教者の道」を用意しているからである。アブシャナブ自身、私がインタビューしたちょうど2年後の2003年8月にイスラエルによるミサイル攻撃で暗殺された。

アラブ諸国にあるムスリム同胞団系の組織の中で軍事部門を持つのは、パレスチナのハマスだけである。それは、異教徒による占領という特殊事情の下で武装闘争が行われていることによる。ハマス系の社会慈善組織の幹部に「この組織はハマスに属しているのか」という質問をした時、「ハマスの武装闘争はイスラエルの占領が終わればそれで使命を終えるが、我々の仕事は、イスラム社会が続く限り終わることはない」という答えが返ってきた。アブシャナブの話を聞いて、ハマスとは家族や子供たちを守る組織ではなく、イスラエルの占領に対するジハードを遂行することによって孤児を生み出し、政治犯の家族を生み出す組織だということになる。けれども、イスラエルの占領下にあるパレスチナの人々は、そのハマスを支持している。つまり、社会慈善組織はハマスという「組織」を支えているのではなく、占領下の厳しい状況で抵抗しなければならない「パレスチナ社会」を支えているという意識なのだ。それが「ハマス系」「ハマス傘下」と呼ばれることを拒否する言動につながっている。

第5章　カッサーム軍団と殉教作戦

2001年8月の自爆テロ

私が朝日新聞エルサレム特派員として駐在していた時の忘れられない出来事の一つは、２００１年８月９日にエルサレム中心部で起きたハマスの自爆テロである。

午後２時ごろ、支局からわずか３００メートルの距離で起きた自爆だった。前日夕方から当日朝までに起きたニュースを東京に送った後で、進行中の事件がなければ、支局から外に出て昼食をとるか、忙しい時はサンドイッチを買ってくるか、どうしようと考える時間帯である。その時、「ドーン」という鈍い地響きが聞こえた。いやな予感がしていると、数分後には救急車のサイレンの音が、あちらから、こちらからと聞こえ始め、サイレン音は互いに重なり、次第に迫ってくる。その時には「自爆テロ」だと分かった。イスラエルテレビを見ると、チャンネルはすべて臨時ニュースになり、エルサレム中心部でテロが起こったことが最初はテロップで流れ、すぐに慌ただしい様子でアナウンサーが「先ほどエルサレム中心部で爆弾テロがあったとの情報がある」とニュースを読み上げた。さらに現場の映像が流れる。救急車が並び、救急隊員でごった返す現場の向こうに、ドアが吹き飛び、窓枠だけになった建物が見える。「スバロ・ピザ」という看板。支局から歩いて5、6分のところにあるピザレストランで、私も度々利用している店だ。それからは刻一刻と死傷者数が増えていく現場中継を見ながら、東京にテロ発生の一報を送った後、支局を出て現場に向かった。

一報では死者数は出ていなかったが、かなりの数になることは明らかだった。現場近くの一帯には警察の非常線が張られていた。「日本のメディアだ」と言って検問を越え、現場が見えるところまで近づいた。周辺では救急作業は終わっていたが、爆発現場のレストランでは正面のドアも窓ガラスも吹き飛ばされているのが見えた。爆発当時、現場近くの衣料品店にいたという女性の買い物客は「爆発音を聞いて店の外に出ると、血で真っ赤になった赤ちゃんを抱えた女性がいた。通りは血の海だった」と語った。私が外国メディアだと知ったイスラエル人女性が「シャロン首相はパレスチナ人に復讐するしかない」と訴えた。

やがて、ハマスの軍事部門イッズディン・カッサーム軍団から犯行声明が出た。10日前にヨ

パレスチナ過激派による自爆テロで破壊されたピザレストラン
(2001年８月９日著者撮影)

ルダン川西岸北部ナブルスのハマス事務所がイスラエル軍の軍事ヘリに攻撃され、ハマスの地域指導者２人と、２人の子供を含む６人が巻き添えで死んだ「暗殺」作戦への報復としていた。

この自爆テロの死者は16人、うち８人が子供だった。負傷者は１００人を超えた。イスラエル首相シャロンはその夜に開いた治安閣議で報復を決定し、10日未明、西岸ラマラの警察本部をＦ16戦闘機でミサイル攻撃した。シャロンは過激派対策をとらないアラファトを非難し、イスラエルに対するＰＬＯの窓口だった東エルサレムの「オリエントハウス」を閉鎖、オスロ合意の危機へとつながった。

テロの直後にイスラエルの「マーリブ」紙が行った世論調査では、イスラエル人の76％がシャロン政権のハマスやファタハ活動家への暗殺計画を支持するとし、パレスチナ側では68％が自爆テロを支持するという結果が出た。

テロ事件が身近で起きたことに私も衝撃を受けた。爆破されたレストランで私がランチをとっている可能性があったことを、恐ろしく感じた。その4か月前の2001年4月にエルサレム駐在となり、町にもなじんだころだった。私はこのころ、週末は自分で車を運転してガザに取材に入っていた。イスラエル側では金曜日の夕方から土曜日の夕方までユダヤ教の安息日となり、すべての官公庁とほとんどの商店、レストランが休みとなるので、毎週、週末を利用してガザに一泊して取材した。そのころはアラファトがガザで執務しており、自治政府関係者に会うにもガザに行く必要があった。ハマスの拠点もガザにあり、精神的指導者アフマド・ヤシーンもガザにいた。西岸では2000年9月から第2次インティファーダが始まり、常に緊張度が高い状況が続いていたが、4月以降、ガザ情勢も悪化していた。

攻撃の大半はイスラエル側から

2001年4月以降のガザの状況は、私が記事にしただけでも次のようなものである。イスラエル軍やガザにいるユダヤ人入植者からの攻撃は■、パレスチナ側からの攻撃は□、双方の衝突や銃撃戦は⊠と印をつける。

■4月2日、ガザ南部ラファでイスラエル軍の武装ヘリコプターがイスラム聖戦の活動家の車をミサイルで攻撃して活動家を殺害、同乗していた1人が重傷を負った。

□4月3日、パレスチナ側からガザ南部のユダヤ人入植地グッシュカティフに、迫撃砲による攻撃があり、10か月の乳児が大けがをした。

■4月6日未明、イスラエル軍の武装ヘリコプターがパレスチナ警察の事務所や発電所をミサイル攻撃。警察官2人を含む5人が負傷した。イスラエル軍の再報復。

■4月8日夜、イスラエル軍は地対地ロケット3発をガザ北部ベイトラヒヤの元警察署やファタハ事務所に撃ち込み、住民4人がけが。

■4月10日午前、ガザ市北郊の海上警察本部がロケット攻撃を受けた。診療室が被弾し、医務官（27）が死亡、17人がけがをした。

■4月11日未明、ガザ南部ハンユニスの難民キャンプにイスラエル軍が戦車、装甲車、ブルドーザーを数時間、突入させた。激しい砲撃、銃撃によってパレスチナ人2人が死亡、約40人が負傷。

■4月16日夜、イスラエル軍はガザ各地の治安部隊の拠点に武装ヘリコプターや戦車などで激しい攻撃を加えた。ユダヤ人入植地に通じる道路が封鎖され、ガザは分断状態に。

■4月23日、ガザ南部ハンユニスでイスラエル軍との衝突で死んだパレスチナ人警察官の葬儀の場に向かって、ユダヤ人入植地から銃撃があり、12歳の少年が死亡、他に11人がけがをした。

□4月28日、ガザ南部ネツェルハザニ入植地に5発の迫撃弾が撃ち込まれ、1発が集会所付近に着弾。入植者5人がけがが、うち1人が重傷を負った。ファタハが攻撃声明を出した。

■5月7日午前、ガザ南部ハンユニスの難民キャンプに対してイスラエル軍の戦車による激しい砲撃があり、4か月の乳児が死亡、一緒にいた母(19)も重傷を負い、他に20人以上がけがをした。

■5月10日深夜、イスラエル軍はトファーフ地区に戦車、ブルドーザーを突入させ、住宅50戸を破壊した。砲撃、銃撃で2人が死亡、30人が負傷、約500人が家を失った。

■5月12日夜、ガザ中部のマガジ難民キャンプでイスラエル軍による砲撃があり、家の前に座っていた男性(40)が飛び散った破片で死亡、15人がけがをした。

☒5月24日朝、イスラエル軍の戦車が自治区に入り、ガザ市南の住宅地に砲撃。イスラエル軍は「パレスチナ側からの2発の迫撃砲攻撃にこたえた」と述べた。

■6月2日、イスラエルの閣議で「自治区の完全封鎖とヨルダン川西岸の各自治区間の分断」「人道援助物資以外の物資の自治区への輸入の禁止」などガザと西岸のパレスチナ自治区への人道援助以外の人と物の移動の全面禁止を決めた。

☒6月4日午後、ガザ南部ラファでイスラエル軍とパレスチナ武装組織の間で銃撃戦。イスラエル兵2人が負傷、パレスチナ人18人がけがをした。双方が、相手が先に攻撃してきたと主張している。

■6月9日夜、ガザでイスラエル軍の戦車がユダヤ人入植地ネツァリームの北に向けて砲撃し、遊牧民一家の女性3人が死亡した。

□6月22日、ガザ北部で車が爆発しイスラエル兵2人が死亡、1人がけがをした。自爆テロと見られ、ハマスが犯行声明を出した。

■6月30日午後、イスラエル軍の武装ヘリコプターが、ガザの警察本部に5発のミサイルを撃ち込んだ。パレスチナ人4人が負傷した。

■7月10日未明、イスラエル軍はガザ南部ラファに戦車やブルドーザーで進入し、住宅26戸を破壊、100人以上が家を失った。

以上の記述で、報復の連鎖とはいえ、イスラエル軍やユダヤ人入植者からの攻撃が圧倒的に多いことが分かる。ガザの武装組織からの攻撃は、ガザにあったユダヤ人入植地に対する銃撃や迫撃砲攻撃であり、それによってイスラエル兵やユダヤ人入植者に死傷者が出ると、イスラエル軍がミサイルや軍事ヘリでガザ自治区内を空爆し、時には戦車を出して侵攻する。

入植地という問題

ガザの武装勢力からの攻撃は、ほとんど入植地がらみである。

入植地は、面積360平方キロのガザの25%にあたる90平方キロに及び、最大9000人のユダヤ人入植者が暮らしていた。2024年現在のガザの人口は230万だが、2001年当時の人口は115万で、ちょうど現在の半分である。狭く、人口密度が高いガザで、ユダヤ人入植地はもともとパレスチナ人所有の土地を奪って建設され、入植者は1人あたりパレスチナ人の32倍の土地を所有していた。さらに、土地を奪われたというだけでなく、入植地を守るためにイスラエル軍が周辺に配置され、入植地に攻撃があれば、軍が報復攻撃を周辺地域に行う。

ガザ南部にあったグシュカティーフはいくつもの入植地の集まりで、ユダヤ人入植者はハンユニスとラファの海岸地帯を12～13キロにわたって占拠し、パレスチナ人の生活を圧迫した。ガザ中部の海岸近くに孤立して存在するネッツアリーム入植地では、何か攻撃があれば、イスラエルが周辺の交通を止めてガザの南北を分断する。ガザ住民にとっては、入植地の存在が、日々の生活や通行を阻害するイスラエルの占領そのものだった。

日本にいるとパレスチナでの入植地の問題はほとんど見えてこない。それは、入植地がすでに存在するもの＝既成事実として認識されるためであろう。イスラエル軍に対するパレスチナの若者たちのデモや投石があり、イスラエル軍の反撃でパレスチナ側に死者が出た時に、それが大規模で多くの死者が出れば「流血の衝突事件」としてニュースになる。しかし、その時の日本の反応は「なぜ、武装しているイスラエル軍に向かってあえて投石をするのか」というもので、状況を悪化させたのはパレスチナ側だということになる。しかし、状況悪化の出発点として、パレスチナ人を圧迫するユダヤ人入植地の問題があり、土地を奪って建設された入植地を守るイスラエル軍の存在がある。

１９６７年のイスラエルによる占領後に建設が始まったパレスチナ占領地での入植地の人口は、イスラエルの平和組織ピース・ナウの「入植地監視」サイトによると、79年は１万人だったが、オスロ合意が調印された93年には11万6000人となり、第2次インティファーダが始まった2000年には19万8000人、2010年に31万1000人となった。2016年12月、国連安全保障理事会は「イスラエルによる入植地建設は国際法違反であり、いかなる法的な正当性もない」として、イスラエルに入植地建設の停止を求める決議が審議された。この時、安保理は米国が棄権したため賛成14票、反対0票で採択された。これによってイスラエルの入植地建設は国際法違反であり、安保理決議違反であることが明確になったが、2016年に39万9000人だった入植者人口は、2021年には46万5000人と1年平均1万3200人増え続け、2024年中に50万人を超える可能性が高くなった。

ガザのユダヤ人入植地は2005年に全面的に撤去され、封鎖の問題へと変わったことは改めて扱うが、西岸では一貫して入植地が増え、状況悪化の要因となっている。入植者を守るために設置されるイスラエル軍の検問によって、自分たちの通行を阻害されたり、時には救急車が検問で止められたりすることも頻繁に起こっている。

自爆テロの構図

自爆テロと言えばハマスのイメージが強く、大勢の犠牲者が出ることから、欧米や日本のニュースでは「イスラエルで自爆テロが起きて、イスラエル市民が犠牲になり、それに対してイスラエル軍が報復に出る」という流れとなる。パレスチナが「テロの加害者」であり、イスラエルは「テロの被害者」という構図ができ上がるが、問題はそれほど単純ではない。

客観的な構図として、イスラエルがガザ、西岸を軍事占領し、入植地を建設してパレスチナの生活を抑圧しているという現実がある。その反発として、ハマスなどパレスチナの武装勢力がイスラエル兵に対する銃撃や入植地に対するロケット攻撃をする。その報復としてイスラエルがミサイルや戦車による報復に出て、パレスチナの民間人が死傷する。ハマスがイスラエルの民間人に対して行う自爆テロは、そのような暴力がエスカレートした後に出てくる場合が多いのだが、日常的な状況悪化が報じられることはなく、国際ニュースはハマスの自爆テロから始まり、イスラエルによる大規模報復への流れになる。

2002年に国際的人権組織ヒューマン・ライツ・ウオッチが「イスラエル市民に対する自爆攻撃」の報告書を出した。その中に、ハマスでヤシーンにつぐナンバー2だったイスマイル・アブシャナブの言い分が掲載されている。

「(我々が)市民を標的にしているわけではない。向こう(イスラエル)が我々の民衆を攻撃するから、我々も向こうの市民を攻撃する。我々が民間人攻撃を止めたら、国際社会はイスラエルも止めると保証してくれるのか？　この戦いのルールはイスラエルがつくっている。もし、あなたたちが我々のすべての殉教／自爆攻撃を調べたら、すべて（イスラエルによる）虐殺が先にあることを知るだろう。もし、イスラエルが（国際人道法を）守るならば、我々も受け入れる。あなたたちが私たちに国際人道法を守れと言うなら、それは難しいことではない。イスラムの教えも（民間人の保護を求める）ジュネーブ条約を支持する。しかし、相手（イスラエル側）が守らなければ、我々が義務づけられるわけにはいかない」

ハマスの最初の自爆テロは、1994年4月に起きた2件である。それについてハマスは、2月25日に西岸南部にあるパレスチナ都市ヘブロンのイブラヒム・モスクで行われた金曜日の集団礼拝の場に、隣接するユダヤ人入植地キリアト・アルバの入植者男性が入って銃を乱射、29人のパレスチナ人を殺害した虐殺事件への報復であるとの声明を出した。自爆テロは4月6日、イスラエル北部のアフラ中心部の路上でカッサーム軍団の戦士が爆発物を積んだ乗用車をバスの隣で爆発させ、イスラエル人9人が死亡、150人以上が負傷した。さらに4月13日、イスラエル中部ハデラでカッサーム軍団の戦士が自爆ベルトを身体に巻いて路線バスに乗って爆発させ、イスラエル人5人を殺害、30人以上が負傷した。

自爆攻撃を行った若者の遺書

ハマスは1988年からイスラエルに対する武装闘争を始め、最初の自爆テロまで80件の軍事作戦を実施しているが、ほとんどがイスラエル軍やイスラエル警察、占領地のユダヤ人入植者を標的としている。94年の最初の自爆テロに関わった人物に対するアルジャジーラのインタビューでも、それまでの軍事作戦は民間人を標的にしていない、という認識だった。

私は現地でハマスの自爆テロを取材していて、それがイスラエルの占領に端を発する暴力の連鎖によって起こることは理解していたが、ニュースとしての悲惨さや衝撃は大きく、ハマスの主張によって自爆テロが正当化されるとは思えなかった。

私自身がエルサレムのピザレストランでの自爆テロを身近に経験したことを契機として、その直後の2001年8月中旬に自爆テロの背景を取材するためガザに入った。その時は、6月22日にイスラエル兵士2人を殺害したハマスの自爆攻撃の背景を調べた。イスラエルの報道によると、自爆現場はガザ北部のユダヤ人入植地近くで、道路わきで砂に車輪を取られた車から助けを求める声が聞こえたため、巡回中の兵士たちが車を降りて近づいたところで爆発が起こったという。その自爆で死んだ大学生イスマイル・アルマサワビー（23）の家族を訪ねた。

ここで断っておかねばならないのは、イスラムでは自殺を禁止しているため、自爆とは言わず「殉教作戦」という。パレスチナ人のとらえ方として表記する時は「殉教」と書くが、それは自爆と同義である。さらに、イスラエルにとってパレスチナ人の攻撃は相手がイスラエル兵士であってもイスラエルの民間人であっても「テロ」であるが、「テロ」は非武装の民間人に対する攻撃に対して使い、西岸、ガザを軍事占領しているイスラエル兵士に対する攻撃は「テロ」ではなく「攻撃」と表記する。イスマイルの件は、ガザの占領軍に対する攻撃であるから「自爆攻撃」となる。

イスマイルの父バシールによると、その日は金曜日で、いつも通り、近くのモスクでイスラムの集団礼拝があり、イスマイルも参加した。イスマイルは敬虔なイスラム教徒で、前日は断食していた。当日は新しい白い長衣を着て礼拝に出かけ、そのまま外出した。夜8時ごろ、近くのモスクの拡声機から、息子の名前が「殉教者」として流れたのを聞いた。イスマイルはガザにあるアルアクサー大学でアラビア文字のデザインを専攻し、4年生の最終試験の最中だった。バシールは「息子が社会活動に参加していることは知っていたが、ハマスの軍事部門のイッズディン・カッサーム軍団に参加しているとは知らなかった」と語った。

自爆攻撃の翌日、バシールのもとに、覆面で顔を隠した男が、イスマイルが残した2分間のビデオテープと遺書を持ってきた。ビデオテープの中で、イスマイルはカッサーム軍団の戦闘服を身体につけ「私は神の思し召しを実現し、イスラエルによって無実のパレスチナの民間人が朝となく、夕となく、殺害されることへの報復として、殉教を実行することを宣言します」と語り出した。イスマイルの顔を入れたカッサーム軍団のポスターもあった。遺書は「同胞へ」「両親へ」「兄弟へ」と3通あり、デザイナーの卵らしい美しい手書きのアラビア語で、それぞれ「最後の言葉」がつづられていた。

大学生イスマイル・アルマサワビーのポスター

〈同胞への遺書〉

同胞たちよ。私は不帰の旅路に出ることを決めました。この、虫の羽ほどの価値もなく、影のように消えてしまう、楽しみの少ない世界に戻ることはないでしょう。

私は偉大なる神が私を受け入れ、預言者や信仰者や殉教者や善行者らとともに真実の座を与えるようお願いしています。

神よ。私は私の魂と体を差し出すことに戸惑いはありません。神がそれを受け入れることを祈念します。

私は武器をとって、殉教者の道を進み、ユダヤ人が我々の息子たちを毎日殺しているように、彼らに破滅と破壊を味わわせるでしょう。

〈両親への遺書〉

親愛なる母と父よ。

幼い私を夜遅くまで起きて世話をしてくれた両親よ。私を育てるのに骨を折り、真正なるイスラム教徒の道を歩ませてくださいました。

あなたたちは私が心休まるようにどのような苦労もいといませんでした。私は何もお返しできません。ただあなたたちが天国の最上の場所で偉大なる神に巡り合えるようにお願いするだけです。

母よ。悲しみに耐えてください。神があなたの息子を殉教者として選んだことに対して神に感謝してください。殉教者となった息子は神にあなたのことをとりなすことでしょう。
父よ。大学の学問を修了し、世俗の職業につくことができなかったことをおわびします。しかし、私は殉教者としての地位を神に与えられました。我々と神の敵を恐れさせる聖戦の任務が本日やって参りました。天国でお会いしましょう。

イスマイルの遺書を読んで驚いたのは、政治的な事柄が一切語られていないことだ。自分の死でパレスチナがどうなるのか、残る家族や友人への希望や展望を示していない。現世について「虫の羽ほどの価値もなく、影のように消えてしまう、楽しみの少ない世界」と否定する色合いが濃い。コーランでは「この世の生活は、偽りの快楽に過ぎない」（第3章イムラーン家章）とし、「信仰する者たちよ、あなたがたはどうしたのか。『アッラーの道のために出征せよ』と言われた時、地に低頭するとは。あなたがたは来世よりも、現世の生活に満足するのか。現世の生活の楽しみは、来世に比べれば微少なものに過ぎない」（第9章悔悟章）と、ジハード（聖戦）による死を現世の安逸よりも価値あるものとするが、決して現世を否定しているわけではない。イスマイルの深い厭世観（えんせいかん）は、イスラエルの占領下で混乱が続くガザの状況の希望のなさからくるものと考えるしかない。

殺人ではなく聖戦、自殺ではなく殉教

ハマスでは軍事部門の仕掛け人が自爆者となる若者に極秘に接触し、「殉教者」の道をたどるように説得したうえで作戦に送り出すとされる。第2章で、ヤシーンが戦闘員の採用で最も重要な要素が宗教的な敬虔さだと語っていたように、もともと強い信仰心を持った若者が殉教作戦に勧誘されるのだろう。遺書を読む限り、「殉教」は政治的な行為というよりも宗教的な行為である。コーランは殺人も自殺も禁じている。殺人ではなく神が認める「ジハード」であること、自殺ではなく「殉教」であること。この二つのタブーを乗り越えるためには、宗教者の見解が必要となる。

殉教作戦には、殉教にお墨付きを与える宗教者と、政治的、軍事的な戦略として殉教志願者を見出す仕掛け人がいる。普通の軍隊の作戦と同様に、殉教作戦を実行する戦士が政治・軍事面の戦略を理解している必要はない。イスラムでは、「来世」を信じることは「アッラー（神）、天使、啓示（コーラン）、預言者、来世、宿命」という「六信」と呼ばれる信仰の基本であり、作戦実行者は悲壮な覚悟で殉教に赴くのではなく、神の道を歩み天国に行くという宗教的な高揚感に包まれて殉教に赴くという設定である。

一方、イスマイルの父バシールは「誰もが殉教者になるわけではない。神が息子を殉教者として特別に選び、栄誉を与えたのだ」と、息子の「殉教」を正当化した。「殉教者は神に選ばれた存在」という意識は、息子を作戦で失った親たちが共通して語る言葉だ。イスラムの教えでは、「殉教者は天国に行き、さらに70人に神の慈悲を仲介することができる」とされる。母親のラウダ（51）は、自爆の3日後に息子の夢を見た。息子が真っ白な服を着て現れ、城のような家で多くの召使を従えていた。「父と母のために神にお願いし、与えられたものだ」と語ったという。両親は「自分たちも息子が神にとりなし、天国が約束されている」と信じている。

自爆者は洗脳されているのだ、と思うかもしれないが、イスラエル軍の封鎖や分断が続くパレスチナでは現実への不満が強く、将来の希望も持てない。その中で、特に宗教心が強い若者が自ら「殉教」を選ぶ。自爆者は、次第に高学歴化する傾向にある。１９９０年代半ばまで大学生の自爆者はほとんどいなかったが、２０００年9月に第2次インティファーダが始まってからは、半分近くが大学生になった。イスマイルもその1人だ。遺書では父親の期待に沿えないことを謝りながらも、「世俗の成功」よりも「殉教」を選んだ心情を書く。エリート意識が強い大学生の「殉教」志願には、自爆がパレスチナ闘争の中心的地位を占めるようになったこととともに、94年にパレスチナ自治が始まってもガザの閉鎖状況は全く変わらず、むしろ悪化するばかりで、社会の展望が見えなくなっていることへの絶望が表れていると言えよう。

ヤシーンへの直接取材

私はこの時の自爆攻撃の取材で、ハマスの精神的指導者ヤシーンにもインタビューした。2001年8月25日のことである。ヤシーンは事務所兼自宅で数人の側近に伴われて、書斎のような部屋で車いすに座っていた。低いかすれ声で絞り出すように発音した。

――殉教作戦とは何か。

ヤシーン「侵略者に対する抵抗の一形態である。占領下にある民衆にはあらゆる手段で抵抗する権利があるが、我々にはロケットも戦車もF16（戦闘機）もない。殉教作戦はイスラエル軍の攻撃を阻止するために、我々が自らの身体を犠牲にして対抗するものである」

――背後にある思想は。

ヤシーン「それを日本人が聞くのか。日本人は米軍に対して自分を犠牲にするカミカゼ作戦をとったではないか。占領され、日々、家族や同胞を殺されている人間として、対抗できる武器を持たない場合に、土地や民衆を守るために殉教作戦を行うことはイスラムでも認められてい

著者がインタビューした時のアフマド・ヤシーン（2001年８月25日著者撮影）

る」

――宗教的な裏付けは。

ヤシーン「コーランの『悔い改めの章』には、神の道のために生命と財産とを投げうって戦った者は天国に行く、とある」

――イスラムは自殺を禁止しているが。

ヤシーン「我々は自殺ではなく、殉教攻撃と言う。自殺は人生の困難から逃避する行為であり、神は禁じている。一方、殉教は信仰を持つ者が人の威厳を保ち、神のために自らの身体を犠牲にすることだ」

――なぜイスラエルの民間人を殺すのか。

ヤシーン「我々が標的にしているのは、イスラエル占領軍であり、兵士であり、入植者だ。イスラムは無実の民間人を殺すことを禁じている。我々は民間人を標的にはしない。しかし、その場の状況によって、殉教者がイスラエル兵士を標的とした時に、近くに民間人がいて巻き添えになることがあるかもしれない」

——民間人の殺害を止めようとしないのか。

ヤシーン「多くの民間人を殺しているのは、イスラエル軍の方だ。止めるためには停戦が必要だ。私は3年前にイスラエルに停戦を提唱した。しかし、イスラエルは拒否した。我々はイスラエルの破壊を求めてはいない。イスラエルが私たちの土地から撤退して、私たちの土地と家を返せば、平和があると言っている」

ヤシーンが言った停戦の提案というのは、アンマンでのモサドによるハーリド・メシャアルの暗殺未遂の後、イスラエルの刑務所から解放されてガザに戻ったヤシーンが「イスラエルがパレスチナ市民への攻撃を止め、土地の接収や家屋破壊を止め、イスラエルが拘束しているパレスチナ人政治犯を釈放するならば、ハマスは殉教／自爆攻撃を停止する」と提案したことを指す。また、1999年10月にイッズディーン・カッサーム軍団が同様の提案をして、特に入植地活動の停止や入植者によるパレスチナ人への攻撃を止めることを条件に殉教／自爆攻撃の停止を提案したが、いずれもイスラエル側からの反応はなかった。

ヤシーンは私のインタビューから2年7か月後の2004年3月、イスラエル軍武装ヘリコプターのミサイル攻撃で暗殺された。ハマスの中で、政治部門と軍事部門の両方に影響力を持ち得るのはヤシーンだけだった。ヤシーンに殉教作戦について質問した時に「日本人は米軍に対してカミカゼ作戦をとった」と切り返されて驚いたことを覚えている。

自爆に失敗した少年の告白

自爆したイスマイルの家族の話やヤシーンのインタビューに基づいてハマスについて特集記事を書こうとしていた矢先、9・11米同時多発テロ事件が発生。すべての企画は吹っ飛んでしまったが、9・11も自爆攻撃であったことから、イスラムにおける自爆について、パレスチナの例として記事化した。その後もハマスの〈自爆〉〈殉教〉は私のテーマの一つとなった。

イスマイルの自爆から1年後の2002年6月、自爆テロをしようとして失敗し、自分がけがをした少年の話を聞くことができた。ジダンという名前の18歳のパレスチナ人だ。イスラエル北部アフラの総合病院の一般病棟にあるベッドで、右手と右足を手錠と鎖でつながれていた。

西岸北部のジェニンの出身だが、5月にアフラに近いバス停で自爆しようとして兵士に腹部を撃たれ、負傷した。そのまま捕らえられ、病院で治療を受けていたのである。その少年がイスラエルテレビのニュースで紹介されたのを見て、イスラエル軍に「取材をさせてくれ」と申請すると、軍からは「少年が承諾すれば、話を聞いてもいい」と言われた。病院で少年に直接インタビューを申し込み、軍の人間が同席する病室でのインタビューとなった。

ハマスやイスラム聖戦のようなイスラム組織の活動家ではないことは、話を始めてすぐに分かった。「ジダン」という名前を名乗った時に、「フランスのサッカー選手のジダンと同じです」と言って、笑顔を見せた。

ジダンは7人兄弟の次男。父親は電気技師。14歳で学校をやめて職業訓練校に行き、大工仕事を覚えた。イスラエルで働いたこともあるが、2000年9月に第2次インティファーダが始まって働きに出ることができなくなり、ジェニンの路上で洗濯ばさみを売って暮らしていた。2002年4月初め、イスラエル軍の大侵攻でジェニン難民キャンプが激戦地となった。イスラエルに近いジェニン難民キャンプが自爆テロの出撃拠点になっていると考えたイスラエル軍は、大軍でキャンプを包囲して8日間の掃討作戦を行った。

ジダンが住んでいたのは難民キャンプではなく、ジェニンの町の方だった。軍が住民に難民キャンプへの立ち入りを初めて認めた時、ジダンは食料や水をキャンプに運ぶ救援グループに参加した。建物がひしめき、狭い路地が縫うように走る難民キャンプの中心500平方メートルほどが、更地になっていた。イスラエル軍がパレスチナ武装勢力を排除した後、巨大な軍事ブルドーザーで瓦礫（がれき）を排除したのだ。「ひどい破壊だった。瓦礫の下から老いた女性の遺体が引き出されるのを見た。黒こげの遺体もあった。僕がキャンプに入ってから2時間後にイスラエル軍が機関銃を撃ち始めたので、恐ろしかった」とジダンは語る。彼は、これがきっかけになって自爆テロによる復讐を考え始めた。「ひどい破壊を見て、心の中に抑え切れない怒りが生まれた。人間らしく生きることができないなら、死ぬしかないと思った」という。

ジェニン難民キャンプで、イスラム聖戦とつながりがあると思われた20代前半の男に自ら近づき、町の喫茶店で「殉教者になりたい」と告げた。男は「3日後に必要なものを用意する」と約束した。数日後、男はある空き家で黒のバッグを見せた。中にダイナマイトのようなものが見えた。重さは15キロ。中に手を入れてスイッチを押す指示を受けた。この時は「うれしかった。これで自分の思いを遂げられる」と思ったという。以前からイスラム過激派に関わっていたわけではないが、モスクの勉強会には通っていた。「殉教者には神のもとで素晴らしい生活が約束されている。両親も天国に招くことができる」と信じていた。

決行の日の朝6時、バッグを担いでジェニンを出た。乗り合いタクシーで境界の村まで行った。歩いてイスラエル側の町に入った。たまたま通りかかったアラブ人の車に乗せてもらい、バス停で降りた。普段は人が多いが、その時バス停にいたのは兵士2人だけだった。「もっと人が来るまで待とう」と思った。しかし大きなバッグを持っている彼に、兵士が不審を抱いて連絡をとったのだろう。ほどなく軍の四輪駆動車が来て、いきなり撃たれた。「気が付いたら病院だった」と言う。私も当時のニュースで、遠隔操作できる小型のクレーンで少年が引っ張られていく映像を見た。それがジダンだった。彼はイスラエルの病院で治療を受け、イスラエルの医師や看護師の対応に感謝していると語った。「罪のない民間人を殺そうと思ったのは間違いだった。双方が話し合うべきなのだ」と心境を語った。

少年の話を1時間以上聞いた。病室には監視がいたが、少年は自由に語った。しかし自爆テロに走った動機はなかなかつかめなかった。過激派から特別の訓練を受けたり、洗脳されたりしたわけではない。宗教的な信念や政治的主張を語るわけでもない。生活が追いつめられた様子もない。私は少年に「自爆しようとしたあなたは他の人々と何が違うのか」と聞いた。少年はしばらく考えて、「みんなには忍耐力がある。僕は耐えることができなかった」と答えた。

難民第1世代の無念を第3世代の孫が受け継ぐ

2002年になって、10代の自爆が相次いでいた。

前述したように、1990年代は、ハマスの仕掛け人が夜明け前の礼拝に参加している敬虔な若者に近づき、殉教の道に誘った。ところが、2000年9月に第2次インティファーダが始まった後は、勧誘しなくても自爆志願者が集まってくる状況になったという。イスマイルが遺書に書いた「虫の羽ほどの価値もなく、影のように消えてしまう、楽しみの少ない世界」という現世への絶望がパレスチナ人の若者に広がっていたと考えるしかない。

2002年10月17日、ガザ北部のユダヤ人入植地のそばでイスラエル軍の車両を待ち伏せ攻撃し、イスラエル兵2人を負傷させ、自らも銃撃で死んだカラムという高校3年生がいた。死後、ハマスの軍事部門イッズディン・カッサーム軍団は、カラムがカラシニコフ銃を持ち、殉教の誓いを読み上げるビデオを公表した。カラムはビデオの中で「若者よ、いつ何時(なんどき)も神が殉教の道を与えてくださるように求めよ」と訴えた。父のムハンマドに話を聞くと、息子がカッサーム軍団のメンバーだとは知らなかった。

ムハンマドは息子の小学校のころの成績表を持ってきた。すべて1番。「息子に期待をかけていた。しかし、殉教を誇りに思う。私たちは難民だ。イスラエルは私の家族の土地や家を奪い、占領している」と語った。ムハンマドはカラムが死んだことを、出稼ぎ先のイスラエルの工場で知ったという。その日は、カラムの祖父ムスタファ（80）の身体の具合が悪く、朝、工場についてから、ガザの自宅に電話をかけて様子を聞いた。そこで聞いたのが、息子のカラムが殉教作戦で死んだというニュースだった。ムハンマドは言葉を失った。ムハンマドは、インティファーダが始まった後でもイスラエルで働き続けることができた数少ないガザのパレスチナ人だ。それは、ムハンマドはもちろん家族にいたるまで、イスラエルが警戒するような治安上の懸念が一切なかったことを意味する。

カラムの祖父ムスタファは1948年の第1次中東戦争の時、20歳でガザの北にあるアシュケロン郊外の村から避難してきた。以来、難民生活が続く。カラムはムスタファから自分の村や土地や家のことを聞いて育った。難民第1世代の祖父ムスタファと、イスラエル占領下のガザからイスラエルに働きに出て、必死で家族を養ってきた父ムハンマド。その後に続く難民第3世代のカラムが、イスラエル軍への戦いで「殉教者」として命を落とす。まるで、孫が60年前に故郷を追われた祖父の無念を晴らすかのような結末であるが、このような3代のつながりは、ガザや西岸では一つの典型でもある。

第2次インティファーダで10代の自爆が増えた背景には、若者たちが未来を描くことができなくなったという絶望感がある。60年前に故郷を追われ未来を奪われた若者だった祖父世代と、占領下で未来を閉ざされている孫世代が、時を隔てて重なっているように思えた。

「殉教者の高校」

カラムが高校で成績トップの優等生だったと知って、ガザ郊外にある母校のアフマド・シュケイイリ高校を訪ねた。同校は、1994年にガザでパレスチナ自治が始まった後、自治政府支援に力を入れた日本政府によって97年に建設された。学校の入り口に「日本政府が建設」と記されていた。800人の男子生徒の95%は難民だ。

ファイズ・モフセン校長はカラムのことをよく覚えていた。「背が高くてスポーツマンで学業もトップだった。この高校の10年間の歴史の中でも傑出した生徒だった」と語り、「学業を続ければ、パレスチナを率いる優秀な人材になっただろう。私は教育者として高校生を戦闘員として使うのには反対だ」とハマスを非難した。しかし、校長の言葉とは裏腹に、2000年9月に第2次インティファーダが始まって以来、同校では在校生や卒業生が次々と闘争に参加して死亡し、「殉教者の高校」として知られるようになった。

カラムが死んだ2002年は、パレスチナで10代の若者が次々と自爆していた。開校時から心理カウンセラーとして勤務するアイード・シャリフ教諭は「殉教する生徒はまじめで責任感が強いタイプが多い」と語った。誰かが殉教すると、残った生徒に与える影響が大きい。教室で集団カウンセリングを行うが、死んだ生徒に近くて、思い詰めている様子の生徒は個別に呼んで話をする。「カラムは特別な生徒で、みんなの模範となるような生徒だった。彼が死んだ時は、学校中がしばらく異様な雰囲気に包まれた」と振り返る。「パレスチナのために戦う手段は殉教だけではない、と生徒に繰り返し説く。だが、状況が悪くなればなるほど、生徒たちは将来に希望を失ってしまう」とシャリフ教諭は言った。

ハマス支配の下でガザは欧米の制裁を受け、イスラエルに封鎖されている。日本もそんな欧米に協力している。ガザの状況は悪化する一方だ。モフセン校長は、「せっかく日本が建設してくれた高校なのだから、何か日本とのつながりが続いて、カラムのような優秀な生徒が短期間でも招かれて日本を見ることができていれば、新たな世界に目を開かれて別の道を歩んだかもしれない」と言った。しかし、現実は違う。将来を見ようとしても、ガザの未来は閉ざされている。特に2007年夏からのイスラエルの封鎖によってガザは外界から閉ざされ、文字通り「天井のない監獄」になっている。

イスラムは宗教であり、人間を「現世」だけでなく「来世」につなげる。コーランには「現世の生活は、遊びか戯れに過ぎない。だが主を畏れる者には、来世の住まいこそ最も優れている」（家畜章）とある。若者たちが「現世」に見切りをつけて、「来世」に生きる意味を見出さざるを得ないところにパレスチナの悲惨な状況がある。

第6章　ハマスのイデオロギー

2017年の新政策文書

2017年5月1日、ペルシャ湾岸の産油国カタールの首都ドーハで、ハマス政治局長のハーリド・メシャアルが記者会見し、ハマスの政治方針を定めた「一般規則と政策」文書を発表した。42項目の文書で、ニュースで取り上げられたのは次の第20項である。

「ハマスは、パレスチナを（ヨルダン）川から（地中）海まですべてを完全に解放する以外のいかなる解決策も拒絶する。しかし、シオニスト国家を拒絶することで妥協することなく、またパレスチナ人の権利を放棄することもなく、さらに難民と避難民が追放された故郷に戻ってくることを条件として、ハマスは（第3次中東戦争前の）1967年6月4日の境界線に沿って、エルサレムを首都とする、完全に主権を持つ独立したパレスチナ国家が樹立されることを民族の総意の解決策とみなす」

様々な条件をつけているが、この項目の肝は「ハマスは1967年6月4日の境界線に沿って……パレスチナ国家が樹立されることを民族の総意の解決策とみなす」ということである。67年6月4日は、イスラエルがヨルダン川西岸、東エルサレム、ガザを占領した第3次中東戦争が始まる前日の日付である。つまり、イスラエルに占領地からの撤退を求め、イスラエルが撤退した地域にパレスチナ国家を樹立することでイスラエルとの共存を認めるということになる。

この新政策文書が発表されると、「ハマスがイスラエルとの共存を認める政策転換を行った」というニュースが一斉に世界に流れた。英国のBBCは次のように報じた。

「パレスチナの武装組織ハマスは、設立憲章以来初めてとなる新しい政策文書を発表した。文書では、1967年以前の境界内でイスラエルを承認することなく、暫定的なパレスチナ国家を受け入れる意図を初めて宣言した。また、ハマスの戦いはユダヤ人とではなく、『占領しているシオニスト侵略者』との戦いであるとも述べている。88年のハマス憲章は反ユダヤ主義として非難された。この政策文書は、ガザを統治するハマスがそのイメージを和らげるための取り組みとみなされている」

これに対して、イスラエルのネタニヤフ首相のスポークスマンはBBCに「ハマスは世界を欺こうとしているが、それは成功しない。彼らはテロ・トンネルを建設し、イスラエル民間人に数千発のミサイルを発射した。それが本当のハマスの姿だ」とコメントした。

ハマスは新政策文書の前文で「パレスチナは、アラブ系パレスチナ人の土地である。パレスチナ人は、パレスチナの土地から生まれ、その土地にとどまり、その土地に帰属し、その土地から広がり、その土地と関わっている」と、パレスチナの土地と人間の関係を記述する。さらに「パレスチナはイスラムがその地位を高めた土地である」と、イスラムの中で特別の意味づけがあることも強調する。そのうえで「パレスチナとは、国際社会がその民衆の権利を保障できず、違法に奪われたものを回復することもできないままの問題であり、その土地は世界で最悪の占領の一つに苦しみ続けている」と、歴史的な文脈を踏まえて「占領」という言葉を打ち出している。

また、「パレスチナは、偽りの約束（バルフォア宣言）に基づいて設立された人種差別的、反人道的、植民地主義的なシオニスト運動によって奪われて、その簒奪（さんだつ）者の支配を認めさせられて、武力によって既成事実を押しつけられた」として、パレスチナの土地がシオニズムによって奪われた歴史的な経緯を踏まえ、「パレスチナとは抵抗であり、解放が達成され、難民が帰還し、エルサレムを首都とする完全な主権国家が確立されるまで続く」と書く。２０１７年の新しい文書の眼目は「占領に対する抵抗」だった。

ハマスは何を主張するのか

ハマスの思想を知るためには、この新政策文書の内容を知る必要がある。第42項までの中から重要な部分を紹介しよう。（ ）の数字は項を示す。

――イスラム抵抗運動「ハマス」は、パレスチナのイスラム的な民族解放および抵抗運動である。その目標は、パレスチナを解放し、シオニストのプロジェクトに立ち向かうことである（1）。パレスチナとは、東のヨルダン川から西の地中海まで、北の（レバノン国境の）ラス・アルナクラから南のウンム・アルラシュラッシュ（エイラート）まで広がっていて、分割することはできない一つの領土であり、それはパレスチナ人の土地であり、祖国である。パレスチナ人の追放と、離散によって、「シオニスト体制（イスラエル）」が樹立されても、パレスチナ民衆の土地に対する権利が消えるものではなく、簒奪者であるイスラエルのいかなる権利を生むものではない（2）。パレスチナはアラブ世界の一部であり、イスラムの土地であり、すべてのアラブ人とすべてのイスラム教徒の心に特別な位置を占める祝福された神聖な土地である（3）。

――パレスチナ人とは、現イスラエルを含むパレスチナから追放された難民であるか、パレスチナに残った者であるかどうかに関係なく、国連総会でパレスチナ分割決議が採択された1947年までパレスチナに住んでいたアラブ人のことである。さらに、その後アラブ系パレスチナ人を父親として生まれた者は、パレスチナの中にいるか、外にいるかを問わず、誰もがパレスチナ人である（4）。パレスチナはシオニストによる占領と強制退去の結果として、パレスチナ人に降りかかった幾多の苦難を経ても、パレスチナ人の特徴や帰属意識をなくされたり、否定されたりすることはない。パレスチナ人が別の国籍を取得しても、パレスチナ人のアイデンティティや民族的な権利を失うことはない（5）。パレスチナ人はパレスチナの内にいても、外にいても、一つの民族であり、民族としての宗教的、文化的、政治的な構成要素を持っている（6）。

――パレスチナはアラブとイスラムの世界の中心にあり、神が祝福した聖地エルサレムがあり、特別な重要性を保持している。イスラム教徒の礼拝の方向である「キブラ」がメッカになる前に、最初、エルサレムを「キブラ」としていた時期があり、さらにエルサレムはイスラムの聖典コーランの中で「神の使徒ムハンマドがメッカの聖モスクから（エルサレムの）アルアクサー（至遠）のモスクまで夜の旅をした」と記されている聖なる場所であり、そしてキリストが生まれた場所でもある。エルサレムとその周辺は真実を守る人々の土地であり、それを否定する者や裏切る者たちに挫かれることはない（7）。

――エルサレムはパレスチナの首都であり、アラブ世界、イスラム世界、そして人類にとっての宗教的、歴史的、文化的な地位を有している。イスラムとキリスト教の聖地はすべてパレスチナ人とアラブ人とイスラム世界に属する不可侵の権利であり、それらを一部でも放棄することも、無視することもない。（イスラエルによる）ユダヤ化、入植地の建設、事実の改竄、史跡の抹殺など、エルサレムに対するすべての占領行為は排除されるべきである（10）。特に（イスラム聖地の）アルアクサー・モスクは私たちパレスチナ人とイスラム世界の権利であり、占領は聖地に対して何ら権利はない。アルアクサー・モスクをユダヤ化し、それを分割しようとする試みは無効であり、正当性はない（11）。

――ハマスは、イスラムの教えは宗教、人種、性別、国籍に関係なく、真実と正義、自由、尊厳の価値を支持し、あらゆる形の不正を禁止し、抑圧者を罰するものと信じる。イスラムはあらゆる形の宗教的、民族的、宗派的な過激主義と狂信主義に反対する。イスラムは信者が抑圧された者たちに寄り添い、敵対行為に立ち上がることを支援し、その尊厳と土地と、民族と、聖地を守るために寄与し、犠牲を払うよう働きかける宗教である（9）。

――パレスチナ問題は、本質的に占領された土地と避難民の問題である。1948年の第1次中東戦争、または1967年の第3次中東戦争で占領された地域のいずれにおいても、追放され、または帰還を妨げられたパレスチナ人が自分の家に帰還する権利は、個人および集団にとっての自然権であり、神の法でも、人権の基本原則としても、および国際法によっても確認されているものである(12)。ハマスは、パレスチナの外で問題を解決しようとする試みや、パレスチナ以外の地に代替の祖国をつくる試みを含む、難民問題を清算することを目的としたすべての策動や試みを拒否する。パレスチナ難民と避難民に対して、彼らを離散させ、彼らの土地を占領したことで生じた損害を補償することは彼らの帰還権に固有の権利であることを確認する。パレスチナ人の帰還権は無効にされることはなく、侵害されることもない(13)。

――シオニストがパレスチナに自分たちの国をつくろうとするプロジェクトは、パレスチナ人の権利を侵害しており、人種差別的、敵対的、植民地主義的、さらに拡張主義的なものであり、パレスチナ人と、パレスチナ人が願望する自由と、帰還と、解放と、民族の自己決定権に敵対している。イスラエル体制は、シオニストプロジェクトの道具であり、その攻撃的な基盤である(14)。シオニストはパレスチナだけを対象としているものではなく、アラブ世界とイスラム世界の敵であり、その安全保障と利益に対する真の危険であり、その安全と利益に対する重大な脅威でもある。今日、イスラム世界が直面する困難の大きな理由である。シオニスト運動は国際社会の安全保障と平和、そして人間社会に対する脅威でもある（15）。

――ただしハマスは、シオニストとの戦いはユダヤ教という宗教を理由としたユダヤ人との戦いではないことを確認する。ハマスはユダヤ教徒だという理由で戦うものではなく、占領しているシオニストたちに対する闘争を繰り広げている。しかし、シオニストの占領指導者たちは、紛争の中でユダヤ人とユダヤ教のスローガンを使ってパレスチナの土地を奪うのを特徴としている（16）。ユダヤ人問題、反セム主義、ユダヤ人迫害は、主にヨーロッパの歴史に結びついた現象であり、アラブ人とイスラム教徒の歴史や遺産とは関係ないと信じる。そして、シオニスト運動は、西洋諸国の庇護の下でパレスチナを占領することが可能になった。それはいまでは世界のほとんどの地域から消えた植民地主義による占領の最も危険な形態であり、パレスチナから取り除かねばならない（17）。

――（1917年に英外相バルフォアがパレスチナの地にユダヤ人の「民族的郷土」を約束した）バルフォア宣言や、（パレスチナでのアラブ人の権利を認めなかった）英国のパレスチナ委任統治文書、（ユダヤ人にパレスチナの56・5％の土地を与えた）国連のパレスチナ分割決議、およびそれらから生まれたすべての決定と手続きはすべて無効であると考える。「イスラエル」の樹立それ自体が根本的に無効であり、それはパレスチナ人の不可侵の権利を侵害しており、パレスチナ人の意志とイスラム世界の意志に照らして受け入れられず、国際法によって保証された人権、特に民族の自己決定権と矛盾する(18)。シオニスト体制には正当性は認められず、占領、入植地建設、ユダヤ化、史跡の変更、または事実の改竄など、パレスチナの地で起きたことすべてが無効である。そのような(シオニストによるパレスチナ人の権利の侵害に)時効はない(19)。ハマスは、いかなる原因や状況、圧力があろうとも、また占領がどれほど長く続いていても、パレスチナの土地を見捨てたり、明け渡したりしてはならないと信じる。ハマスは、パレスチナを(ヨルダン)川から(地中)海まですべてを完全に解放する以外のいかなる解決策も拒絶する(20)。

――ハマスは、シオニスト国家を拒絶することで妥協することなく、またパレスチナ人の権利を放棄することもなく、さらに難民と避難民が追放された故郷に戻ってくることを条件として、(第3次中東戦争前の)1967年6月4日の境界線に沿って、エルサレムを首都とする、完全に主権を持つ独立したパレスチナ国家が樹立されることを民族の総意の解決策とみなす(20)。

――ハマスは、オスロ合意とその附属文書が国際法の基本原則に違反していることを確認する。パレスチナ人の不可侵の権利に違反する義務を定めているからであり、ハマスはこれらの協定と、その結果として生じる国民の利益を損なう義務を拒否する(21)。ハマスは、パレスチナ問題を抹消したり、パレスチナ民族の権利を縮小したりすることを目的としたすべての協定、取り組み、プロジェクトを拒否する。いかなる政治的立場、イニシアチブやプログラムもこれらの権利に抵触してはならず、侵害したり矛盾したりすることはできない(22)。

——ハマスは、パレスチナ人への抑圧、土地の簒奪や住民の追放は平和とは呼べないと断言し、これに基づくいかなる措置も平和にはつながらないことを確認する。パレスチナ解放への抵抗とジハード(聖戦)は、我がすべての民衆にとって合法的であり、義務であり、かつ名誉ある権利である(23)。パレスチナの解放は、パレスチナ人の義務であり、アラブ・イスラム世界全体の義務でもある。また、権利と正義の要件に応じた人道的責任でもある。パレスチナの行動はアラブ的であれ、イスラム的であれ、人道主義であれ、そのいずれであっても、それらの間に矛盾はなく、補完し合い調和のとれた動きとなる(24)。

ハマスの2017年新政策文書の主要な部分は以上であり、第42項の最後で「ハマスは世界におけるあらゆる形態の植民地主義、占領、差別、抑圧、侵略を非難する」として終わる。

アルカイダやISとの差別化

この新政策文書で重要なのは、ハマスについて「イスラム的なパレスチナ民族解放および抵抗運動」と位置づけていることであり、イスラエル占領下にあるパレスチナとパレスチナ人を解放し、パレスチナ国家を樹立するという民族の運動だということである。つまりそれは、アルカイダや「イスラム国（IS）」のような、キリスト教社会を敵視し、国境を越えて欧米と戦う「グローバル・ジハード」のイスラム武装組織ではないということを意味する。

パレスチナの定義については、パレスチナ人のスローガンである「川から海」（ヨルダン川から地中海）までと、現在のイスラエルを含む土地を全パレスチナとし、シオニスト体制であるイスラエルの建国には法的な権利がないことを明示している。その前提のうえで、第3次中東戦争前の境界でパレスチナ国家を樹立することを「民族的総意」とする、という決定の重要性が第20項に出てくる。理念では妥協しないが、紛争解決のために政治的な妥協をするという決定である。アフマド・ヤシーンが2001年のインタビューで「我々はイスラエルの破壊を求めてはいない。イスラエルが私たちの土地から撤退して、私たちの土地と家を返せば、平和がある」と語ったことが、公式な文書になったということだ。

パレスチナ人については「国連総会でパレスチナ分割決議が採択された1947年までパレ

スチナに住んでいたアラブ人」と規定している。分割決議でパレスチナを追われたアラブ人を父親として生まれた子供もパレスチナ人と認定しているのは、国外にいるパレスチナ難民に帰還権があるという意味である。ちなみにパレスチナ人とは、アラブ世界のパレスチナ地域に住む、アラビア語を母語とするアラブ人のことであるが、イスラエル建国前のパレスチナでは、イスラム教徒だけでなくキリスト教徒やユダヤ教徒もアラビア語を母語としており、「ユダヤ教徒のアラブ人」または「アラブ系ユダヤ教徒」として暮らしていた。

アラブ系ユダヤ教徒がユダヤ人となるのは、「ユダヤ人国家」であるイスラエルの建国でアラブ側から移り、ヘブライ語を学び、第1言語としてからである。エルサレム駐在の時、病院の待合室でユダヤ人の高齢女性が流暢(りゅうちょう)なアラビア語でアラブ人の子供に話しかけるのを見て、その女性に「どこでアラビア語を学んだのか」と質問したところ、エルサレム旧市街のユダヤ地区で生まれ、10歳まではアラビア語で生活し、アラブ人として学校に行き、暮らしていたと答えた。１９４８年の第１次中東戦争で、エルサレム旧市街はヨルダンに支配されたので、すべてのユダヤ人がイスラエル側に移ってヘブライ語を学んだという。

第5項、第6項では「パレスチナ人」のアイデンティティについて書いている。ハマスがパレスチナ国家の樹立を目指す民族解放組織だとしても、パレスチナ人はそもそもナショナリズムを担う「パレスチナ人」というアイデンティティがあるのか？　という議論がある。イスラエルや親イスラエル側から見れば「パレスチナ人」という存在はないという主張であるが、それに対する反論として、国を樹立する主体としての「パレスチナ人」意識が存在することを強調している。

パレスチナ人のアイデンティティ

「パレスチナ人のアイデンティティ」について、在米パレスチナ人の歴史家ラシード・ハーリディーは著書『パレスチナ戦争』の中で「パレスチナ人アイデンティティやナショナリズムはユダヤ人の民族自決権への（狂信的ではないにせよ）馬鹿げた反発によってごく最近になって現れたと理解されることが非常に多い」と指摘したうえで、「パレスチナ人アイデンティティは近代の政治的シオニズムとちょうど同じころ、シオニズムとほぼ同じように多くの要因への反応として生まれた」と書き、「シオニズムの脅威はパレスチナ人のアイデンティティ形成を促した要因の一つでしかなかった」とする。

パレスチナでの民族意識について、ハーリディーは１９２０年代、30年代に反シオニズムの論調を展開したアラブ紙「フィラスティーン」や「アル・カルメル」の例を挙げて「それらの新聞が示したように、パレスチナ人アイデンティティには郷土愛、社会改良の願い、パレスチナへの宗教的愛着、ヨーロッパによる支配への反発などが含まれる。大戦後にパレスチナがアイデンティティの中心に据えられたのは、中東全体がヨーロッパ宗主国によって締めつけられ、シリアなどでアラブ人の独立願望が挫かれたことに不満が広がったためだった。そのため、パレスチナ人アイデンティティは同時期のシリア、レバノン、イラクなど他のアラブ国民国家で生まれたアイデンティティと比較可能である」と書いている。

　新政策文書の前文に「偽りの約束（バルフォア宣言）に基づいて設立された人種差別的、反人道的、植民地主義的なシオニスト運動」というくだりがあるように、1917年のバルフォア宣言は、当時、パレスチナ人口の6％に過ぎなかったユダヤ人に「民族的郷土」を約束した。これについて、ハーリディーは「人口の圧倒的多数（約94％）を占めるアラブ人に言及しないままだったことは注意すべきである。多数派のアラブ人は『非ユダヤ人（ユダヤ人ではない人びと）』と表現されただけで、民族（ネーション）や人民（ピープル）と表現されることはなかった。67語からなる宣言文に『パレスチナ人』や『アラブ人』という言葉は出てこないのである」と記している。

　ハーリディーはエルサレムで代々、イスラム法裁判官、旧英国統治下のエルサレム市長などを輩出した名門ハーリディー家の出身で、本人自身が1990年代初めの中東和平交渉でPL

Oの指導下にあったパレスチナ代表団のアドバイザーだった。ハマスと対立するファタハ系の立場だが、パレスチナの土地からパレスチナ人を排除しようとしたバルフォア宣言への怒りは、ハマスに限らず、パレスチナ人に共通するものであることが分かる。

1988年「ハマス憲章」との比較

ハマスの2017年の新政策文書の意味と意義を知るためには、BBCの記事でも触れているように、1988年に発表された「ハマス憲章」との比較が問題となる。

1987年12月にインティファーダが始まり、ヤシーンをリーダーとするパレスチナのムスリム同胞団の幹部たちが反イスラエル占領闘争に参加するため「イスラム抵抗運動」を創設してから8か月後の88年8月に「ハマス憲章」が発表された。全36条だが、2017年文書の倍ほどの長さで、宗教的、歴史的な補足説明が多い。

前文で「ユダヤ人との戦いは非常に大規模で危険であり、あらゆる誠実な努力が必要である。それはこれから続く諸段階の一歩であり、軍団は、敵が打ち負かされ、神の勝利が訪れるまで、広大なアラブとイスラム世界からの大隊によって支援されなければならない」と記す。ここでハマスの闘争を「ユダヤ人との戦い」としたことで、イスラエルから「反ユダヤ主義」と批判されることになった。このハマスの主張は、ナチス・ドイツによるホロコーストを最悪の例として歴史的な「反ユダヤ主義」の問題を抱える欧米諸国には受け入れられない。2017年文書で「ハマスは、シオニストとの戦いはユダヤ教という宗教を理由としたユダヤ人との戦いではないことを確認する」と明記しているのは、ハマス憲章の記述への反省に立ったものである。

1988年憲章の第2条ではムスリム同胞団とハマスの関係について「ハマスはパレスチナのムスリム同胞団の一翼である。ムスリム同胞団運動は世界的な組織であり、現代で最大のイスラム運動」と書いた。第8条ではハマスのスローガンとして「神は究極の目的、預言者はその模範、クルアーンはその憲法、ジハードはその道、神の道で死ぬことはその最高の望み」と記述している。これはエジプトの同胞団のスローガンと同じであり、自分たちはムスリム同胞団の流れをくむと標榜（ひょうぼう）していることになる。こういった同胞団との関係についての記述は、2017年文書ではすべてなくなっている。

ムスリム同胞団に触れない理由

第2章で書いたように、ハマスの前史を見ればムスリム同胞団を母体としていることは明らかであるが、2017年文書でムスリム同胞団との関係が一切出てこないことには二つの背景がある。

一つは、2011年の「アラブの春」以降の状況にある。チュニジア、エジプトで若者のデモによって強権体制が崩れ、その後の民主的選挙でともにムスリム同胞団系の政党が第1党となった。エジプトでは大統領選挙でも同胞団幹部のムハンマド・ムルシが大統領に選出された。カダフィ体制が倒れたリビアでも同胞団は選挙で第2勢力となり、その後勃発した内戦の一方の勢力となった。同胞団が「アラブの春」の後にイスラム組織として民主的選挙で政権につく流れに、湾岸のサウジアラビアやアラブ首長国連邦（UAE）は強い警戒感を示した一方、カタールは同胞団の後ろ盾となり、同国に拠点を置くアルジャジーラテレビは「アラブの春」や同胞団政権の発足を後押しする報道をした。サウジアラビアやUAEはカタールと国交を断絶し、さらにエジプトで2013年に起きたムルシ政権に対する軍のクーデターを支援し、同胞団の非合法化も強化した。このような流れの中で、湾岸諸国に同胞団に対する強い反発があり、ガザ南部の境界を支配しているエジプトが反同胞団の軍事政権になっていることから、ハマスは同胞団系という組織の出自を書くことはマイナスになると判断したのであろう。

もう一つは、2017年文書は政治組織としてのハマスについての規定であることを明確にするため、その母体となった同胞団については触れなかったということだろう。

1988年のハマス憲章では、ハマスは「同胞団の一翼」という位置づけを示していた。イスラムの教えを社会運動として実現する「パレスチナのムスリム同胞団」という大きなネットワークを持つ組織があり、そのネットワークを利用して、イスラエルの占領に対する抵抗運動を行う役割を「ハマス」が担うという位置づけだ。ハマスの上位組織としてパレスチナのムスリム同胞団があると受け取れる記述になっていた。同胞団という組織の存在がハマスにとってそれだけ大きかったということで、「ハマスは同胞団の一翼」という形で正統性を打ち出そうとしたと見られる。

しかし、第1次、第2次のインティファーダを経て、占領に対する抵抗運動で表に出てくるのはハマスであり、かつて指導者選出や政策方針を決めていた同胞団の意思決定機関「シューラー（評議会）」はハマスの機関となった。創設から30年を経て、パレスチナのイスラム組織としてのハマスは強固な実体と実績を持ち、同胞団という歴史や理念の出自を語ることに意味がなくなったということだろう。

では、パレスチナの同胞団はすべてハマスに吸収されたのかと言えば、そうではない。第3章で紹介したように、貧困救済などイスラム的な社会運動を行い、現地でもハマス系と見られている社会組織の関係者が「ハマス傘下ではない」と語る場面が何度もあった。ハマスを支持しているが、あれはあくまで政治や軍事を担う組織であり、自分たちは非政治的なイスラム社会運動を担っている組織だという認識だ。すでに述べたように、その社会運動が同胞団組織の中核である。

2017年新政策文書が排除したもの

1988年の「ハマス憲章」は政治組織としてのハマスの行動を縛る規範としては機能してこなかったが、外部からはハマスの思想を表した資料として受け取られ、イスラエルから「反ユダヤ主義」と批判されてきた。

憲章第7条ではハマスのジハードについて、「イスラム抵抗運動は、シオニストの侵攻に対峙するいくつものジハードの一部であり、1936年における殉教者イッズディン・カッサームとムスリム同胞団に属するジハード戦士につながり、結びついている。さらに、他のパレスチナ人のジハードや48年の（第1次中東）戦争におけるムスリム同胞団のジハードの努力とつながっている」と書く。

第2章でも述べたように、この記述は、ハマスが闘争＝ジハードを1936年の「アラブ大反乱」や48年の第1次中東戦争でのシオニストとの戦いの中に位置づけて正当性を打ち出そうとしたものだが、２０１７年文書には、このような過去のジハードとのつながりを示す記述は出てこない。

憲章第7条には、イスラムの預言者ムハンマドの言行録であるハディースから「審判の日は、イスラム教徒がユダヤ人と戦う（ユダヤ人を殺す）までは来ない。ユダヤ人が石や木に隠れると、石や木々は『ムスリムよ、神の僕よ。私の後ろにユダヤ人がいて、来て彼を殺せ』と言う」という「ユダヤ人との戦い」の宗教的根拠を示す文章が引用されている。しかし、占領との戦いを掲げる一方で「ユダヤ人との戦いではない」と明記する２０１７年文書では、この文言は削除された。

また、憲章第15条はジハードについて「敵がイスラム教徒の土地を奪う時、すべてのイスラム教徒にとってジハードは個人義務となる。ユダヤ人によるパレスチナの収奪に対しては、ジハードの旗を掲げなければならない」と規定していたが、これも反ユダヤ主義の証拠として批判されてきたものであり、２０１７年文書では排除されている。

これだけでも１９８８年の「ハマス憲章」がどのようなものか分かるだろう。この憲章はヤシーンではなく、創設メンバーの1人で、ヤシーンと同い年で当時ナンバー2と目されたアブドルファッタフ・ドゥカンが作成したとアッザーム・タミーミは推測している。発表前の6月、

7月にはハマスの武装闘争によって最初の大量逮捕があり、ヤシーン以外の創設メンバーが拘束された。起草・作成にあたって指導部で十分な議論がなされたとは思えない。憲章にイスラムの金曜礼拝で宗教者が行う説教のような古臭い宗教色があったのは、モスクを舞台としてイスラム的な社会活動をしてきた同胞団運動の名残であると考えられるが、それも30年の政治・軍事活動を経て削ぎ落とされたということである。

２０１７年文書の発表翌日、政治局長のメシャアルはＢＢＣアラビア語放送のインタビューを受けて、１９６７年の第３次中東戦争以前の境界でパレスチナ国家を樹立することを認めたことについて「これはハマスの30年間、特にこの10年間の政治思想と行動の発展を反映しているもので、新しいことではない」と語っている。30年というのは87年の創設以来ということだが、10年というのは、２００６年のパレスチナ自治評議会選挙への参加以降、または２００７年以降のガザ支配と、西岸の自治政府を主導するファタハとの分裂の中で学んできたことが教訓になっているという意味であろう。

メシャアルは「我々はパレスチナ人の権利をないがしろにすることなく、他のパレスチナの政治勢力とともに戦い、パレスチナ人の力を結集して、国際社会や（中東の）地域社会にパレスチナの声を一本化することで、私たちの力を最大化したいと考えている」と語った。すでに

ＰＬＯが、イスラエルが占領地から撤退すれば、イスラエルの生存を認めるとする安保理決議242を受け入れているから、パレスチナの他勢力と歩調を合わせる狙いを明確にしたわけだ。

ハマス憲章との違いについて、メシャアルは次のように語った。

「憲章で使われていた言葉に比べて、新政策文書の言葉は非常に洗練されたものであり、現在の厳しい国際情勢、アラブ情勢の中で私たちが何を求めているか、イスラエル指導部がパレスチナ人を誹謗(ひぼう)する言葉だけが世界に伝わるのではなく、私たち自身が直接国際的な世論に伝えようとする初めての試みである」

「私たちパレスチナ人が自分たちの力を強めてイスラエルの占領に対抗し、イスラエルの撤退を求めるということである。私たちは自分たちの権利を主張するものであり、国際社会に物乞いするのではなく、権利を実現するために抵抗運動を行うことを宣言している」

またメシャアルは「我々の戦いは、ユダヤ人との戦いではなく、シオニズム運動との戦い、またはイスラエルの占領との戦いであることを明確化した」と強調した。

否定的プロパガンダへの対抗策は9・11以降

タミーミは2007年に出版した著書"Hamas：Unwritten Chapters"の中でハマス憲章に

ついて、「ハマス指導部や公式スポークスマンによって引用されたり言及されたりすることはほとんどなかった」としている。しかし、「皮肉なことに、ハマス憲章は運動の批判者によって、その柔軟性のなさや反ユダヤ主義の証拠として頻繁に取り上げられてきた。だが1990年代後半まで、ハマスの中では誰も（憲章に対する批判を）気にしていないようだった。ハマス指導部の第1の関心は、パレスチナ内外のアラブ人およびイスラム教徒に訴えることであって、世界の他の国々がハマスをどのように見ているかにはほとんど注意を払わなかった」と書いている。

この指摘は、メシャアルが2017年文書を発表した時にBBCに語った「私たちが何を求めているかを直接国際的な世論に伝える」という言葉と符合し、世界に向けて、ハマスの姿を初めて自分たちの言葉で伝えようとしたことになる。

タミーミは、憲章への批判が多かったにもかかわらず、2000年9月に第2次インティファーダが開始されるまで、憲章の修正についてハマス内でほとんど議論が行われなかったとし、「ハマスは世界のメディアでますます目立つ存在となり、主にイスラエルとその支持者の見解とフィルターを通して否定的なイメージがしばしば提示されることから、政治局の幹部らが否定的なプロパガンダへの対抗策を求めるようになった」と前述の著書に書いている。

タミーミによると、国際的なイメージに対する懸念は１９９０年代半ばから出始めていたが、２００１年９月11日の米同時多発テロ事件によって緊急性を伴ってきたという。ハマスは、すべてのイスラム運動やイスラム組織をアルカイダと同一視するようなネガティブキャンペーンを行う敵対的なメディアや研究者の発信に対抗するため、イメージの再構築の取り組みが必要であると感じ始めた。特にイスラエルは、米国主導の対テロ戦争を利用して、ハマスをアルカイダと意識的に同一視することで、自分たちが防波堤として欧米と戦略的な同盟関係にあるという立場を打ち出そうとした。２００３年から２００５年にかけて、ハマス政治局は会合を持ち、そこでハマス憲章を書き換えるべきだという声が強まり、新しい憲章の起草委員会を立ち上げる話まで出た。しかし、２００６年にハマスがパレスチナ自治評議会選挙に勝利したことに伴う政治的な混乱が始まり、憲章改訂の話は棚上げになった。憲章に代わる新政策文書が２０１７年に発表されるまで、11年を要したということになる。

第7章　ハマスの政治部門

オスロ合意に4割のパレスチナ人が反対

ハマスは２００６年１月のパレスチナ自治評議会選挙で、定数１３２議席の単独過半数となる74議席を獲得し、それまでパレスチナ自治政府を担ってきたファタハは45議席にとどまった。パレスチナ民衆の意思に世界は驚いたわけだが、ハマスは選挙によって突然、パレスチナ民衆を代表する勢力となったわけではない。

いつからそうなったかと考えれば、１９９３年９月13日にＰＬＯとイスラエルの間で調印されたオスロ合意からである。その合意によって、第１次インティファーダは唐突に終わりを迎えた。５年半の反占領民衆闘争によってパレスチナ側は１０００人を超える死者を出していた。インティファーダの間、ＰＬＯに従う現地指導部とハマスは共闘関係にあったが、アラファトが率いるファタハが「ガザとエリコの先行自治」で合意したことで、インティファーダは腰砕けになってしまった。ハマスは最初にニュースが出てからほぼ1週間後に声明を出し、「合意に反対し、占領への抵抗運動を続ける」と明らかにした。その声明は「我々はパレスチナの内戦につながるいかなる行動も拒否する。その結果がシオニスト体制（イスラエル）を利するだけだからである。アラファトはパレスチナ社会を破壊し、パレスチナ人の間に分裂の種をまいた責任がある」と続けた。

オスロ合意に反対したのがハマスだけであったならば、民意から孤立した過激派・強硬派の行動と言えるかもしれないが、PLOの中でもパレスチナ解放人民戦線（PFLP）やパレスチナ解放民主戦線（DFLP）など非主流派は反対し、ファタハの中で外交を担ったカドウミ政治局長（当時）も反対して調印式に参加せず、自治政府にも参加しなかった。さらにオスロ合意の調印から4か月後、合意の中身が明らかになった時点でパレスチナNGO「エルサレム・メディア・コミュニケーション・センター（JMCC）」が実施したオスロ合意に対する世論調査で、賛成は45・3%で、反対が39・8%に達した。PLOがパレスチナに戻ってくるという合意であるにもかかわらず、驚くべき賛成率の低さである。そのうえ、PLOの決断に4割のパレスチナ人が反対を表明したことは、無視できるものではない。当時、PLO非主流派の占領地での影響力は小さく、外国からのパレスチナ人の帰還の可否はイスラエルに決定権があるため、オスロ合意反対派組織の指導者らがパレスチナ自治区に戻ってくることはない。その結果、実質的にハマスが合意反対の運動と世論を担うことになった。

イスラエルと「治安協力」したパレスチナ自治政府

オスロ合意の問題点は、パレスチナ難民、ユダヤ人入植地、エルサレムの帰属、パレスチナ国家など、パレスチナ問題の重要事項がすべて自治開始から3年以内に始まる「最終地位交渉」で協議されるとしていたことだ。オスロ合意で決まったことは、ガザとヨルダン川西岸の小都市エリコの都市部からイスラエル軍が撤退して、パレスチナ自治政府が行政、パレスチナ警察が治安の責任を持つということだけだった。

その後、西岸ではラマラやベツレヘム、ヘブロンなど七つの都市部のA地区（西岸の18％）からイスラエル軍は撤退したが、最後にベツレヘムから撤退したのは1995年12月で、94年5月の自治開始から1年半かかった。その後、最終地位交渉は行われず、都市部周辺のB地区（同16％）では、自治政府は行政の責任は持つが治安はなおイスラエル軍が握り、残りのC地区（同65％）はいまなお行政も治安もイスラエル軍が握っていて占領状態にある。進展しなかった要因として、和平に合意したイスラエル労働党のラビン首相がイスラエルの右翼青年に暗殺され、その後、オスロ合意に反対したネタニヤフ首相が率いるリクード政権に交代したことがある。しかし、政権が代わって和平合意の進展が止まること自体が、イスラエルが決定権を持つ証拠であり、自治政府には何ら決定権がなかった。

ハマスの精神的指導者アフマド・ヤシーンは、1989年から97年までイスラエルの刑務所にいた。ヤシーンは、釈放後の99年に応じたアルジャジーラの連続インタビューの中で、オスロ合意について次のように語っている。

「オスロ合意はパレスチナ人の希望や期待を打ち砕いただけでなく、パレスチナ人の団結を壊して、分裂を生んだ。合意によって第1次インティファーダが止まり、パレスチナ民衆がイスラエル軍と対決することがなくなったので、ユダヤ人入植地が増えていった。それでも自治政府は、イスラエルとの治安協力を行うのがオスロ合意の条件だったから、ハマスを代表とするイスラム組織を根絶しようとしたが、パレスチナの状況がそれを許さなかった。なぜなら、イスラム組織はパレスチナでは人道支援、社会活動、教育、スポーツ、社会サービスの提供で重要な役割を演じていて、イスラム運動勢力を終わらせるなら、イスラム組織の支援を受けているパレスチナ人の少なくとも半分は生活できなくなる。我々はオスロ合意には反対したが、内戦になることを望まなかったので、自治政府には敵対しなかった」

オスロ合意に対する批判は、ハマスだけではない。１９９０年代初めの中東和平交渉でＰＬＯが指揮した代表団のアドバイザーだったラシード・ハーリディーは、著書『パレスチナ戦争』の中で「オスロの枠組みは、イスラエルにとって有利な占領体制の一部（イスラエル国家と入植者が享受する特権や特典）を維持しつつ負担の大きな責任を軽減し、パレスチナ人の真の自決や国家、主権を妨げるように設計されていた」と書く。その上で、オスロ合意について「ラビンはパレスチナ人の存在を公式に認め、ＰＬＯをその代表として承認した上で交渉を開始し、その見返りとしてイスラエル国家の承認を得るという、他のイスラエルの指導者が過去に決して行えなかったことを成し遂げた。だが、この交換条件は釣り合いの取れたものでも、互恵的なものでもなかった。イスラエルはパレスチナ国家を認めず、国家建設を許すという約束さえしなかった。これは、民族解放運動が、故郷を植民地化し、占領を続けている国家を自ら承認したにもかかわらず、解放を達成できないまま抑圧者から名目上の承認を得るという、風変わりな取引であった。パレスチナの人びとに深刻な結果をもたらす、歴史的にも明らかな誤りだったのだ」と厳しく批判している。

ハーリディーは続けて「徐々にイスラエルの植民者に土地を占有されるなかで、オスロ合意の最悪の成果『治安協力』の下、パレスチナ自治政府がイスラエル警察を助けて軍事体制に抵抗するパレスチナ人を取り締まる事態にもならなかったはずだ」と書いている。つまり、イスラエルの軍事体制に抵抗したハマスは、イスラエルと「治安協力」するパレスチナ自治政府に取り締まられたのである。オスロ合意の全貌が明らかになる前、ＰＬＯがイスラエルとの間で「ガザとエリコの先行自治」で合意したという情報しかない段階で、イスラエルと協力するＰＬＯによる弾圧を予見し、「パレスチナの内戦につながるいかなる行動も拒否する」と声明に明記したハマスの先見の明には驚かざるを得ない。

ハマス指導部は、ハーリディーが書いている「パレスチナ自治政府がイスラエル警察を助けて軍事体制に抵抗するパレスチナ人を取り締まる事態」を的確に把握していた。アラファトが自治政府議長となり、ファタハ中心で自治政府が創設され、ファタハのフェダーイーン（戦士）がパレスチナ警察となり、他のアラブの強権国家と同じくハマスなど反対派に対する摘発や拷問が始まったが、その時点では、ハマスが自治政府を敵視することはなかった。自治政府のハマス弾圧が最も激しかったのはラビン暗殺後の１９９６年５月、イスラエル総選挙で強硬派のネタニヤフが率いるリクードが第１党になってネタニヤフ政権が生まれてからであるが、そのころ私はガザに行き、ハマス系のモスクの金曜礼拝を取材した。礼拝の説教の中で、イスラム指導者は「仲間割れして、ライオンに食われた黒い牛と白い牛の話を思い出せ。我々は団結して、敵にあたらねばならない」とアラブの故事を引用して、ハマスとファタハが戦うことの戒めを礼拝者に訴えていたのを思い出す。

政治的決定を下すのは在外の指導部

1987年に生まれたイスラム組織のハマスが、2006年にパレスチナ自治評議会選挙でファタハを破るまでに政治的な発展を見せた秘密は何だろうか。創設から1年半後の89年前半にはヤシーンらすべての創設メンバーを含めて1000人以上が逮捕され、存続の危機に立たされた。94年にはPLOを率いるアラファトがオスロ合意でパレスチナに戻り、欧米や日本の支持を得て自治政府を創設した中で、ハマスは自治政府とイスラエル、さらに欧米の圧力を受けながらもしたたかに生き残り、確実にパレスチナ人の間で支持を広げてきた。

重要な要因は、ハマスの持つ政治力の高さだ。私は、2011年の「アラブの春」の後、民主的選挙で政権をとりながら1年にして軍のクーデターで排除されたムスリム同胞団の興亡の一部始終を現地で見て、同胞団の硬直した政治姿勢と視野の狭さを感じたが、より厳しい状況の中で、ハマスはアラビア語の「熱情」を表す組織名そのままの軍事部門の激しさの一方で、それとは対極的な、政治部門での合理的な柔軟さや視野の広さを示した。

ハマスの政治性の高さは、先に挙げたように1993年9月にオスロ合意が明らかになってすぐに「パレスチナの内戦につながるいかなる行動も拒否する」という声明を出したことにも表れている。実際にオスロ合意が実施されて、翌94年5月にパレスチナ警察がガザ入りした時は、ガザで大きな歓迎を受けた。アッザーム・タミーミによると、アラファトはハマスが何らかの形で自身の到着を妨害する可能性があると懸念し、仲介者を通じてハマス指導部に平和的に帰還できるよう訴えたという。しかしタミーミは「ハマスはアラファトが帰還することに反対しておらず、問題を引き起こすつもりはなかったので、アラファトの懸念は不要だった。それどころか、新しく結成されたパレスチナ警察が到着したとき、ハマスは彼らを歓迎し、彼らに食料と滞在先を提供した。パレスチナ人の帰還やパレスチナ警察がイスラエル占領軍に置き換わることに反対していると見られるのは、ハマスの利益に役立たないからだろう」と前述の著書に書いている。

パレスチナのガザから始まったイスラム組織のハマスが、政治力を発展させることができた要因の一つは、政治指導部がパレスチナの外にあるという組織の在り方だろう。ガザ、西岸、東エルサレムで、パレスチナ人がイスラエルの占領下で戦っている時、政治的決定を下すのは在外の指導部である。最初の政治局長ヤシーンが１９８９年に投獄された後、ガザ出身でエジプトの大学を卒業し、その後渡米してエンジニアの博士号を取得したムーサ・アブマルズークが92年に政治局長に就任した。アブマルズークは97年まで務め、その後、西岸出身でクウェート大学卒業のハーリド・メシャアルが２０１７年まで務めた後、現在のイスマイル・ハニヤが政治局長に選ばれた。ハニヤはヤシーンの側近で、２００６年にハマスがパレスチナ自治評議会選挙で勝利した時のガザの現地指導者で、ハマス自治政府の首相になった人物である。２０１７年に政治局長に選出され、カタールに移った。ハニヤの政治局長就任後も、アブマルズークとメシャアルは政治局の中心メンバーとしてハニヤを支えている。

「パレスチナ機関」の世界的なネットワーク

ハマスの活動の現場はパレスチナにあるのに、在外メンバーが政治局を仕切っているのは意外な気がするかもしれない。第2章で書いたように、１９８３年にヨルダンの首都アンマンでパレスチナの同胞団の西岸・ガザの代表と、ヨルダン、クウェート、サウジアラビア、その他の湾岸諸国、ヨーロッパ、米国などの在外メンバーが集まって開いた秘密会議で「イスラム・グローバル・プロジェクト」がクウェートの代表者によって提案された。さらにイスラエルの占領に対するジハード（聖戦）を遂行するため、パレスチナの同胞団の戦いを財政を含めて後方支援するという全会一致の決定が下された。パレスチナの同胞団クウェート支部が調達した総額7万ドルが、最初のジハード計画のための資金としてガザの同胞団に提供されることになった。当時、クウェートのパレスチナの同胞団のリーダーで会議の開催に関わっていたのが、第3代政治局長のメシャアルである。

タミーミによると、アンマンでの1983年会議で採択されたパレスチナ支援決議を実施するために、クウェート、ヨルダン、サウジアラビアのパレスチナの同胞団メンバーは、パレスチナ委員会を創設し、財政と政治の支援、広報宣伝やパレスチナからの留学生の受け入れなど後方支援のための包括的な計画を作成した。その時までにパレスチナ、ヨルダン、クウェート、サウジアラビア、および英国と米国で学んでいたパレスチナ人のイスラム主義者は、パレスチナを支援するために様々なイスラム組織を設立していた。それらの組織の任務にはパレスチナ人学生への支援も含まれていた。彼らはパレスチナと国際社会を結ぶチャンネルをつくり、慈善団体を設立し、定期刊行物や書籍を出版し、シンクタンクを設立し、そのすべてがパレスチナのイスラム運動への支援を提供した。

1985年後半、パレスチナ委員会は「パレスチナ機関」と呼ばれる組織を設立した。パレスチナの同胞団関係者によって世界中に設立された様々な組織の活動を調整し、さらなる機関の創設を監督するグローバル・ネットワークである。在外メンバーは占領地でのハマスの活動を外から支える存在だった。

在外組織に政治的な決定権を与える

ハマスの在外メンバーがハマス全体の指導部となるのは、１９９２年にアブマルズークが政治局長に就任してからである。アブマルズークは１９５１年、ガザ南部のラファ難民キャンプに生まれた。ヤシーンの教えを受け、奨学金を得てエジプトの大学の工学部に進み、卒業後は渡米して工学で修士号、博士号を取得した。89年のハマス一斉摘発後、ガザに戻り、ハマスの再建について残ったメンバーと協議したという。

タミーミによると、大量拘留によってハマスの最高幹部だけでなく中堅幹部までほぼ全員が拘束され、イスラエルはほとんどハマスを根絶するところまで追い詰めたという。当時、ハマスには「イスティシャリ（諮問評議会）」と呼ばれる最高意思決定機関があり、「タンフィーディ」と呼ばれる執行委員会があった。その下にいくつかの専門委員会があり、その中に国外にいるパレスチナの同胞団メンバーがつくる在外支援組織があった。１９８９年の大量逮捕の後、残った執行委員会はアブマルズークにガザにすぐに戻るよう求めた。彼の任務は、深刻な危機に陥った組織の再生だった。アブマルズークは若いころからヤシーンの側近だったため、ハマスのメンバーからは、よそ者ではなく組織に忠実なメンバーとみなされていた。

アブマルズークは、それまで資金やロジスティックをサポートする役割だった在外組織に、政治的な決定権を与えた。それによって、パレスチナの組織がイスラエルの摘発で壊滅状態になっても、組織としては存続できる構造になった。タミーミはアブマルズークによる機構改革について、「クウェート、アンマン、ロンドン、ワシントンなど、世界の首都の比較的安全なところから、ハマス指導部は事態に冷静に対応する場所と時間を持つことができるようになった」と先の著書に書いている。イスラエルはほぼ毎年ハマスの大量逮捕を行ったが、アブマルズークが考案した戦略が効果を発揮し、イスラエルの攻勢による損害は壊滅的なものにはいたらず、再建はそれほど困難ではなくなり、より回復力のある構造が整備された。

ハマス活動家のレバノン南部大量追放事件

実際に在外の政治局が国際的にハマスを代表する存在となるのは、1992年12月の、イスラエルによるハマス活動家のレバノン南部大量追放事件だった。

ハマス軍事部門のイッズディン・カッサーム軍団がハマス発足3年を機に、イスラエルの国境警察の警察官を拉致、人質にして、獄中にいたヤシーンの釈放を求めた。イスラエル政府はヤシーン釈放には応じず、カッサーム軍団は警察官を殺害した。この後、イスラエルはガザと西岸のハマス幹部の1500人以上を逮捕し、そのうち416人を、1992年12月にレバノン南部のマルジュ・ズフールに追放した。追放された幹部の大半がハマスの政治や社会分野の指導者や活動家であり、創設メンバーの医師のアブドルアジズ・ランティシや、後に政治局長となるハニヤも含まれていた。だが、レバノンは受け入れを拒否したため、追放されたハマスの活動家たちは国境近くの山岳地帯にとどまることになった。ハマスの政治部門と社会組織の活動家を国外追放したイスラエルの措置に国際的な非難が強まり、国連安全保障理事会は、イスラエルに追放措置の撤回を求める決議799を採択した。この時、世界のメディアがレバノン南部を訪れてハマスの指導者たちを取材し、注目が集まった。追放から約50日後に現地を訪れた朝日新聞の六分一（ろくぶいち）真史記者は次のように書いた。

——夜は零下10度にまで冷え込む。病人用のテントにだけ石油ストーブがあるが、残りは目いっぱい着込み毛布をかぶって寝る。寒さとゴツゴツした岩が背中に当たるのとで、寝つくのは難しい。朝にはたいてい雪が積もる。……食事は朝がパンひと切れ、チーズひとかけと紅茶。夜はジャガイモと米。時々卵が付く。1日2食だ。食料節約のため月曜と木曜は「断食の日」に決めた。食料は「付近の村人が好意で届けてくれる」と言う。だが、節食をしても相当な量が必要となるため、レバノンのシーア派イスラム教民兵組織ヒズボラが「夜間にロバで運んでいる」とのうわさもある。……パレスチナ人は、18～65歳で平均約30歳。大学教員22人、医師10人、エンジニア14人、学生88人など、教育程度の高い人々が多い。……ヘブロン大学のアウエイン教授らは今月からキャンプで「青空大学」を始めた。毎朝1時間、パレスチナの歴史を約30人の臨時学生に教えている。（朝日新聞、1993年2月5日夕刊）

この時、アラファトは国際問題となった活動家の追放についてハマス指導部と協議しようとした。当時、在外の政治局はハマスの政治指導部とみなされていたわけではなかったが、アブマルズークを代表とするハマス代表団がチュニスを訪れてアラファトと協議し、国際的メディアも、アブマルズークをハマスの政治指導者として扱うようになった。

暗殺の危険を回避する戦略

1997年にメシャアルが政治局長に選ばれ、アブマルズークは副局長になった。2016年にハニヤが政治局長に選ばれた後も、メシャアルやアブマルズークは補佐役に回っている。ハマスの指導部はファタハのような指導者間の権力闘争ではなく、一種の集団指導体制になっている。

なぜ、ハマスで在外組織が政治的な決定権を持っているのかという経緯を知れば、常に議論として出てくる「ハマスの内と外の対立や軋轢（あつれき）」は、組織的な問題というよりも、現地での闘争の現場から見る視点と、国際的な場所から闘争を見る視点の違いとみなした方がよい。さらに、在外指導部が必要なのは、イスラエルによる大量摘発によって組織が壊滅的な打撃を受けないようにするという以外にも、イスラエルによるハマス指導者暗殺作戦の影響を最小限にする意味もある。

1996年1月のヤヒヤ・アイヤーシュに始まり、▽2002年7月、サラーハ・シェハーダ▽2003年8月、イスマイル・アブシャナブ▽2004年3月、ヤシーン▽2004年4月、ランティシ——と、ハマスのトップクラスの指導者たちがミサイル攻撃などで次々と暗殺されている。第1章に書いたように、メシャアルは97年9月にアンマンでモサドの工作員に路上で襲撃され、暗殺未遂に遭っている。ハマスの指導者になるということは、イスラエルに暗殺される危険を背負うということである。決定権を持つ政治局長がパレスチナの外にいるという構造によって、地元の指導者が暗殺されたことによる組織や民衆への打撃を最小限に抑えることができる。

もちろん、パレスチナの現地指導部と、在外の政治局との力関係自体が政治であり、どちらが主導権を握るかは状況次第である。例えば、1997年10月にヤシーンが釈放されてガザに戻った後、2004年3月に暗殺されるまでは、ヤシーンの意向が尊重された。ヤシーンはガザで車いすのままメディアの前に現れ、「もし、イスラエルが（第3次中東戦争の）67年以前の境界まで、東エルサレムを含めて撤退し、入植地を撤去し、何ら占領の痕跡を残さない状態になれば、我々はそこにパレスチナ国家を樹立する。そうなれば我々はイスラエルとの間でホドナ（長期的停戦）を開く用意がある」と提案した。ヤシーンの提案に対してイスラエルの反応はなかったが、釈放から約2年後の99年9月まで自爆テロはなかった。ヤシーンが提案した「ホドナ」は、「67年境界でのパレスチナ国家の樹立」を認めるという2017年の新政策文書につながっている。

選挙前に自爆作戦を一時停止

ハマスは2000年9月に始まった第2次インティファーダで自爆テロを繰り返し、2005年までに51件の自爆テロを行い、272人のイスラエル人を殺害した。この間、自爆テロはハマスが最も多かったが、ハマスだけでなく、イスラム聖戦、さらには世俗派ファタハのアルアクサー殉教者軍団やPFLPも殉教／自爆攻撃をとった。しかし、2004年3月にヤシーンがイスラエルに暗殺され、同11月にアラファトも病死し、抵抗運動は2005年にはイスラエル軍に力で抑え込まれた。そのような中で、パレスチナ自治政府の自治評議会選挙の実施が決まり、ハマスも参加を決めた。

この流れの中で特筆すべきなのは、ハマスは2005年1月に自爆テロを行った後、2006年と2007年は自爆攻撃を完全に停止したことだ。一方、イスラム聖戦やファタハは自爆攻撃を続けた。当時、ハマス政治局副局長だったアブマルズークは2008年のイスラム系サイトでのインタビューで、殉教作戦を停止したことを認めて「2006年の選挙参加によって、ハマスは新たな政治的現実に対応しなければならなくなった」と語った。欧米からの自爆テロに対する強い批判を知って、在外の政治局が自爆の停止を決めたのだろう。

私は2008年に、ハマスの影響力が強く、第2次インティファーダでイスラエル軍に対して最も激しい抵抗があった西岸のジェニン難民キャンプを取材した。その時、殉教／自爆攻撃で息子を失った2人の親に話を聞いた。1人目は母親で、息子の死について「毎日、カーペット工場で働いていた子を、彼らはなぜ死に追いやったのか。育て上げた息子を奪われて、いまも胸が張り裂けそうだ」と語った。別の作戦で死んだ若者の父親は「息子の行為がイスラエル軍の侵攻を招き、多くの破壊や死につながった。何の意味があったのか。洗脳されたとしか思えない」と語った。それは、私が第2次インティファーダが始まったころに聞いた殉教者の親の言葉とは全く異なっていた。かつては息子の殉教を称え、息子を誇りに思うという言葉ばかりだったが、殉教を非難する言葉が親たちから出てきたのだ。殉教／自爆攻撃を含む武装闘争が中心となった第2次インティファーダがイスラエルに力で制圧され、パレスチナ社会も大きな犠牲を払ったことで、人々の間で殉教／自爆攻撃への幻想が崩れたのではないかと思った。

その後、世論調査の動きを調べてみると、西岸のラマラに拠点を置く「パレスチナ政策調査研究センター」の2005年3月の調査で、自爆攻撃に対する支持は29%となり、2004年9月の調査の77%支持から激減していた。このことから、ハマスの政治・軍事指導部が民衆の空気を読み取って、在外指導部との調整で殉教／自爆攻撃の停止を決めたのだろうと推察できる。現地で社会活動を通じて密接に民衆とつながり、在外指導部は国際社会とつながって現実的な判断ができるということが、民衆から離れたファタハやイスラム聖戦にはないハマスの特徴である。

ハマスの選挙公約

ハマスが自治評議会選挙に参加するという決定は、当時、驚きをもって受け止められた。自治評議会はハマスが拒否したオスロ合意によって生まれたものであり、合意を否定しながら評議会選挙に参加するというのは矛盾している。選挙の直前にハマスのガザのスポークスマン、マフムード・ザハルは「ハマスがオスロ合意に反対していることに変わりはない。自治評議会選挙に参加するのは、すでにオスロ合意の実施期間は終わっているからだ。我々は我々の政治や社会のプログラムを実現するために選挙に参加する。イスラエルとの治安協力も、政治協力も、文化協力も、経済協力もすべて終わりにして、パレスチナ社会の改革を実現するために選挙に参加する」と語った。

ハマスは「変化・改革リスト」の名で政党名簿に登録し、選挙公約の前文では「変化・改革リストはパレスチナ問題の現状を踏まえて、我々がパレスチナ評議会選挙に参加するにあたり、パレスチナの解放とパレスチナ人が自分たちの土地に帰還し、エルサレムを首都とする独立国家を樹立するための包括的な政治プログラムを提供する。選挙参加は占領を終わらせるための民衆の戦略的な選択肢として、抵抗運動とインティファーダの支援と強化となる」と、占領への抵抗を進めるための選挙参加であることを明確にした。
選挙公約の中から主な部分を拾ってみる。

「パレスチナ人はいまなお民族解放の段階にあり、我々の権利を取り戻し、武装闘争を含むあらゆる手段を使って、占領を終わらせる。我々はエルサレムを首都とするパレスチナ国家を樹立するために、占領を打ち破る人々の不屈の戦いを支えるために、あらゆるエネルギーを投じ、あらゆる能力を提供しなければならない」

「政治的自由、多元主義、政党結成の自由、投票箱による統治、平和的な権力移譲を、パレスチナの政治行動を支配する枠組みとし、改革を進め、汚職と闘い、進歩したパレスチナの市民社会を構築する」

「内政では対話と理解を通して、国の団結の絆(きずな)を深め、問題の解決においてあらゆる形の武力の使用または脅しを禁止する」

「パレスチナ人の現実として、公共の自由(意見表明、情報発信、集会、移動、労働のそれぞれの自由)の尊重を確立する」

「パレスチナ社会では流血は禁止され、パレスチナ人の間の意見の相違の解決は対話によってのみが受け入れられる」

「政治拘禁の禁止と意見を抑えつけることの拒否」
「市民社会の組織の保護と社会の発展と（権力の）監視におけるその役割の活性化」
「治安機関が市民の治安を守る役割を正すために、誤った恣意的な慣行を停止し、市民の自由を保障し、治安機関の行動を立法評議会の監督と統制の下に置く」
「占領（当局＝イスラエル）とのいわゆる治安協力は、国家と宗教に対する犯罪であり、厳しく処罰される」
「抵抗運動を保護し、占領に対する抵抗の役割を解放の使命を達成するものとして活性化する」

ハマスが自治評議会選挙に参加して、占領との戦いを「合法化」しようとする意図と狙いがよく分かる内容となっている。パレスチナ国家樹立についての言葉などを見ると、11年後の2017年にハマスの新政策文書として発表されるものの原型になっていることも分かる。

さらに公約第11項の「女性、子供、家庭」では「女性たちが子供を保護し、養育し、精神的身体的に育成し、指導し、教育することに対する権利を強調する」「パレスチナ女性は闘争と抵抗のパートナーであり、社会の建設と開発のパートナーである」「女性の権利を保証し、権利を強化する法的枠組みを完備し、女性が社会的、経済的、政治的発展に貢献できるように努める」などと記述する。

第12項の「住宅政策」では「公有地を集合住宅や住宅村として配分し、家を破壊された人々、貧困家族、殉教者や（イスラエルに拘束された）政治犯の家族など、収入が限られた人々に分配する」「低所得層のための住宅問題を緩和し、特にガザおよび西岸の一部の地域で、過密住宅の問題を緩和する」などと貧困者対策を提案している。

イスラム的な保守主義や伝統主義はうかがえるものの、パレスチナ社会自体が伝統的なのであり、「アラブの春」後のエジプトのムスリム同胞団の選挙公約と比べても、かなり開明的な内容と言える。政治的自由や表現の自由の規定は、２００７年にハマスがガザを支配して統治者となった時には決して表現の自由が守られたわけではなかったので、文字通り実施されたわけではないが、メシャアルやアブマルズークら在外政治局のハマス指導者らが目指したイスラム政治は、民主主義や政治的自由を実現しようとするものだったことが見てとれる。

アラブ世界で初めての民主的な政権交代

２００６年1月のパレスチナ自治評議会選挙の結果は、ハマスが44％の得票率で１３２議席中過半数の74議席、ファタハは41％の得票率で45議席だった。ハマスの勝利は、１９９３年9月にファタハがイスラエルと調印して始まったオスロ合意体制が、パレスチナ民衆の支持を失ったことを明確に示した。民主的な選挙で政権交代が行われたのは、アラブ世界では初めてだった。

この選挙は、選挙区ごとに割り当てられた議席を各政党が得票率に応じて獲得する比例代表制だった。割り当てられた全議席をハマスが占めたのはガザ市と西岸のヘブロンだった。ヘブロンは西岸の中でも陶器やガラス製品、刺繡(ししゅう)、革製品など工芸品生産が盛んな工業都市であり、起業家精神が旺盛な場所である。ここにハマスの指導者の中でも最強硬派の1人として知られるナイフ・ラジューブがいると聞いて、選挙前日に会いに行った。

ラジューブは「イスラエルという国は、アフリカでもアジアにでもつくればいい。パレスチナでは認めない」と過激な発言を繰り返したが、一方で「停戦の条件」を質問すると具体的に、「短期的な停戦」の条件は（1）分離壁の建設停止、（2）政治犯の釈放、（3）西岸での検問や障害物の撤去。「長期的な停戦」の条件は（1）第3次中東戦争（1967年）以前の境界（西岸、ガザ、東エルサレム）の占領地からの全面撤退、（2）入植地の撤廃、（3）分離壁の撤廃だと語った。長期的な停戦については「我々がパレスチナ国家を樹立するために必要だ」とも言い、ハマスはイスラム的な国家建設を掲げるが、それはイラン的な「宗教者の統治」を目指すものではなく、「社会の利益」を強調するイスラムの価値を実現するものだとしたが、政権構想については「イスラム国家建設は当面の課題ではない」と明言した。

当時、ハマスは選挙で勝利するとは思われておらず、第2党として、ファタハとの「挙国一致政権」を呼びかけていた。ラジューブの話からも、強硬な主張を掲げながら、政策では現実的な柔軟性を持ち合わせていることがわかる。それがハマスが一般民衆の支持を得た重要な要素だと思えた。

積極的な情報発信

在外政治局のアブマルズークは、2008年8月にイスラム系サイトの「イスラム・オンライン」で視聴者の質問に答える3時間のインタビューに応じ、その一問一答が残っている。その中で、政治とレジスタンス（抵抗運動）の関係について質問されて、次のように答えた。

「抵抗運動はそれ自体が政治の一部だ。私たちは抵抗運動と政治を分けて考えてはいない。抵抗運動はコミュニケーションの道具として弾丸を使う政治なのだ。ハマスは選挙への参加を慎重な意識をもって決定し、計画し、多くの力を注いだ。しかし、選挙結果は予想以上だった。我々はパレスチナの政治システムの中で、影響力のある少数派になると予想していたが、選挙で勝利するとは思っていなかった。権力についたことは、多くの議席を獲得したことで、私たちが選んだことではなく、私たちに課されたものだった。もし、私たちが政権を担うことを拒んだら、それは非難されることになっただろう。私たちはパレスチナ選挙民に私たちの公約に基づいて約束を守ろうとしたが、ファタハと衝突することになり、自治政府の官僚的組織とも対立し、難しい事態になってしまった」

マルズークはこのインタビューの中で、オスロ合意以降のパレスチナの政治状況について次のように語っている。

「政治には和平と抵抗の二つの道がある。ハマスは抵抗の道をとってきた。和平の道が1990年代初めに成功を収めた。しかし、その成功は壁にぶつかった。オスロ合意は本来96年に達成されるべきだったが、交渉は2000年まで延期され、それでも失敗し、（和平の）目標に達することができなかった。結果的にこの（オスロ）プログラムは揺らぎ始め、レジスタンスの選択肢が上がってきた。レジスタンスは、それまで和平策をとっていたファタハを含めてすべての政治組織が採用した。ファタハはアルアクサー・インティファーダ（第2次インティファーダ）でレジスタンスを統括する役割を演じた。その結果、イスラエルは和平でつくり上げた基幹部分である自治政府と議長府を破壊することになった。自治政府ではパレスチナ治安部隊の本部の多くが攻撃され、多くの治安関係者がレジスタンスと共闘した。レジスタンスは勢いを得て、ハマスは人々から強い人気を得た」

「（アラファトの後、自治評議会議長に選ばれた）アッバスは自治評議会選挙を実施して、ハマスの影響力が大きくなるのを阻止しようとした。ハマスはレジスタンスの組織としてつくられてきたので、選挙には慣れていなかったし、未熟だった。我々は（選挙参加で）レジスタンス政策に改革と行政のプログラムを加えた。政治や社会、経済の価値をレジスタンスに追加するのは非常に困難だった。なぜなら、レジスタンスと統治にはある種の矛盾があるからだ。レジスタンスは不安定化を目指すが、統治は安定を求めるものだ。統治は治安を実施するものだが、レジスタンスは支配的な権力に対抗しようとする。ハマスは（レジスタンスと統治の）両方で効果的で創造的な政策を実行しなければならなかった。選挙はもともとハマスを（政治の）枠にはめようと計画されたものだが、ハマスは枠を超えて、一気に統治者になった。ハマスを政治の枠にはめようとした者たちは、後にハマスと敵対した者たちである。ハマスは選挙の結果を受けて、イスラエルと米国と、自治政府と、ファタハと、いくつかのアラブ諸国に立ち向かうことになり、大いに持ちこたえている。封鎖に対して屈しないことは欧米がパレスチナを支配しようとする圧力に対するレジスタンスである」

日本ではハマスという組織についてほとんど知られていないが、このような理路整然としたインタビューが様々な局面で出てくる。中東にある他のイスラム政治組織と比べても、とりわけハマスは情報発信に熱心な組織である。特に、アブマルズークやメシャアルのような在外政治局の指導者たちは、ハマスの立場を伝えながらも、より俯瞰的にハマスが置かれた状況を把握したうえで説明しようとする。

ファタハとの連立政権は瓦解

ハマスは選挙の結果、自治政府で内閣を発足させた。当初、ファタハとの連立政権を持ちかけたが、ファタハは拒否した。ハマスの勝利が明らかになってすぐ、ロシアがハマスと対話する意向を表明し、フランスもその動きを歓迎したが、米国は「ハマスはテロ組織で、イスラエルの存在を認めていない」として対話に反対し、結局、米国、EU、ロシア、国連の中東和平四者会議はハマス政権を拒否し、それまでファタハが主導していた時に自治政府に出していた国際的な援助を停止するという制裁的な措置に出た。

私自身は、ハマスが選挙に参加するということは、ハマスの中で軍事部門ではなく政治部門が活動の主導権を握るということであり、ハマス政権を発足させることによって、さらに政治部門の優位が確立すると考えていた。アブマルズークはレジスタンスと統治を両立させることの難しさを話していたが、自分たちの組織が統治して治安を維持しているのに、軍事部門が治安を攪乱(かくらん)することはできないからだ。ハマスの統治は結果的に失敗するかもしれないが、国際社会がハマスの統治の機会を潰したことには疑問を持った。さらにハマス拒否の理由として「イスラエル国家を認めていない」という理由付けがされたが、イスラエルの右派政党リクードは「パレスチナ国家を認めない」と機関決定していた。ハマスだけに政治理念の放棄を求めるのは二重基準だった。

　ハマスは2006年3月に単独で自治政府を発足させ、ファタハとの間での対立が続いたが、2007年2月にサウジアラビアの仲介によって和解が成立し、翌3月に統一内閣が成立した。ところが3か月後の6月、ハマスの戦闘員が、ファタハが抑えていた警察や治安部隊を武力で制圧した。ハマスのガザ制圧は、ハマスと治安部隊の暴力の応酬が続いた後、ハマスが一気にファタハ排除に出た結果だった。ハマスは「ファタハが主導する治安部隊がガザでクーデターを起こして、ハマス指導部を排除しようとした」と主張している。ファタハを率いるアッバスは統一内閣を解散させた。それによってパレスチナはハマスがガザを支配し、ファタハ主導の自治政府が西岸を支配する分裂状態になった。

第8章　ハマス支配と封鎖

あふれる失業者

２００７年6月にハマスがガザを支配すると、イスラエルはガザを封鎖した。

私はその年の10月にハマス支配下のガザに入った。イスラエル軍がつくったエレズ検問所は日本の地方空港のような建物になり、パスポートのチェックがあった。あちこちに監視カメラがついた長いトンネルのような通路を歩き、外に出てさらに5分ほど歩いて、パレスチナ側の検問に着いた。そこにはコンテナを使った受付があり、パスポートを渡すと、あごひげを蓄えた警察官が旅券番号と名前を台帳に書き写していた。ハマス警察によるチェックである。パスポートを返しながら、警察官は「ウエルカム・トゥ・ガザ」と笑った。ガザ市内に入ると、黄色いベストをつけた警察官が通りで交通整理をしているのを初めて見たが、それ以外は町の様子は以前と何も変わらなかった。

ジャバリア難民キャンプで、ファタハ系の警察官に話を聞いた。ハマスがガザを制圧して以来、仕事には出ておらず家で待機しているという。「アッバス自治政府議長から自宅待機命令が出ている」と語った。2700シェケル（約8万円）の月給は支払われている。自治政府でガザに5万人いたパレスチナ警察官の多くが自宅待機の状態だという。ハマス政権の下では、ハマスが採用した7000人が警察官として働いている。

ガザでは2005年秋にイスラエルが軍を撤退させ、入植地も解体したが、イスラエルはガザの周りに分離壁をつくって包囲し、海域を支配し、人と物資の出入りをコントロールしている。イスラエルの軍事占領状態は続き、文字通り「天井のない監獄」となった。

封鎖前は12万人にイスラエルでの労働許可が出ていた。封鎖によって出稼ぎ労働者が極端に制限され、失業者があふれた。ガザとイスラエルの出入りはエレズ検問所だけに限定されているが、同検問所の年間通過数は2006年に16万人だったのが、2007年1〜6月には7万5000人に減り、封鎖が始まった7〜12月は1万1000人と激減した。2008年は年間2万6000人、2009年は3万人と低迷を続けた。

ハマスの財源とは?

ハマスが支配するガザ自治区の状況を知るために、ガザ財務省次官に話を聞いた。

当時、ガザには8万人の自治政府職員がいた。イスラエルへの出稼ぎがなくなったため、自治政府職員はガザでの主要な働き先となったが、ヨルダン川西岸に拠点を置く自治政府が給料を払うのは6万6000人で、ハマス政権の下で新たに雇われた職員1万4000人は「ハマス支持者」とみなされて払われていない。その分はハマス政権が補っていた。

財務省次官は、ハマス政権が雇った職員の給料の補充には、月に400万ドル（約3億4000万円）が必要という。ガザの税収は250万ドルで、150万ドル足りない計算だ。ところがハマス政権は、ガザ制圧後の2007年9月に公立学校新年度の授業料無料化を決定し、ラマダンが始まった9月には失業者に100ドルを支給するなど、次々と住民支援策を実施した。その財源はどこにあるのか?　財務省次官は「欧米の援助でまかなわれる自治政府からの資金がなくても、アラブ・イスラム世界から我々ハマスへの支援があり、不足分は十分にまかなうことができる。問題は、その支援をどうやってガザに持ち込むかだけだ」と平然と語った。

この時、私は財務省次官の話の裏をとるために、実際に現金を持ってエジプト側からガザに入ったと証言するハマス関係者を探した。「私が運んだ」という人間はなかなかいなかったが、人探しを頼んでいた広報担当の1人が、ハマスが選挙で勝って単独政権を発足させた年の2006年の5月に、湾岸諸国などアラブ3か国を回った自身の経験を語ってくれた。彼は「各地でパレスチナ支援の集会に招かれた。その場に来ている人々の支援金が集まった。ハマスに対するイスラム世界の支持の強さを実感した」と語り、2週間で集めた100万ドル（約1億円）をカバンに入れてエジプトからラファ検問所に入ったという。どのようにして検問所を通ったのか質問したが、「それは秘密だ」と明かさなかった。明かさないということは、正規のルートではなく、ガザとエジプトの境界の下に掘られている密輸トンネルから入れたのだろうと推測した。現金は財務省に納めたという。

別のハマス中堅幹部も、経済制裁が始まった後の2007年9月に「アラブ諸国で200万ドル以上を集めて、私がガザに持って入った」と証言した。私が話を聞いただけでも300万ドル。不足額の2倍の現金が財務省に入ったことになる。これらはアラブ諸国の政府の援助ではなく、民間の支援である。ハマスの指導者たちはよく「アラブの政府や為政者は米国を気にして我々を助けないが、アラブの民衆は私たちの味方だ」と言う。湾岸を回って億単位の現金が集まってくる話を聞くと、アラブ諸国がイスラエルによるガザ封鎖に沈黙していても、民衆の間には、ガザの苦境への共感や同情が強いことが感じられた。

イスラエルの封鎖に呼応して、欧米、日本、アラブ諸国がハマス政権の封じ込めに歩調を合わせ、ガザへの銀行送金は厳しく監視されていた。それでもガザが干上がらないのは、イスラム教徒の受難の象徴ともなっているガザに、アラブ・イスラム世界から現金で寄付が集まってくるためである。それが財務省次官の「資金には困らない」という強気の発言につながる。ガザの人口の7割を占める難民に食料配給、教育、医療などのサービスを提供する国連パレスチナ難民救済事業機関（UNRWA）のジョン・ギング所長（当時）は「我々の援助は難民の生活の6割をカバーするが、残りはハマスが補っている」と語る。「国際社会が制裁しても、人々はますますハマスに依存するようになるだけで、ハマス政権が揺らぐことはない。制裁は民衆を苦しめるだけで、ハマスに対しては逆効果だ」と付け加えた。

「ファタハが助けるのは自分たちの仲間だけ」

2年後の2009年11月初めに、改めてガザを訪れた。

2008年12月下旬から2009年1月中旬まで3週間にわたってイスラエルによる第1回ガザ攻撃があり、1417人の市民が死んだ。その7割が民間人だった。イスラエル軍による激しい破壊があったサラーム地区では崩れたビルのほとんどが修復されないまま放置されていた。攻撃から1年近くたって、なおテントに住んでいる人々もいた。テントから出るには家を借りなければならないが、働き口もなく収入もないため、移ることができないのである。

ガザ郊外では3階建て、4階建てのビルに2世代、3世代の大家族が住んでいることが多い。父親が20～30年間働いてためた資金で、成長した子供たちが結婚しても一緒に住むことができるようにビルを建てるのだ。当時のガザの人口150万人の7割は1948年のイスラエル建国で逃れてきた難民であり、長年難民キャンプに住んできた人が、家族のためにキャンプの外に住居ビルを建てることもある。ガザでそのような住居ビルを建てるのは、イスラエルで長年働いてきた労働者たちが多い。イスラエル軍にビルを破壊され、テント生活をしていた40代の男性はそんな1人で、「30年以上働いた貯金をはたいて、そのうえに借金をして、家族が一緒に住む家を建てたのに、すべて失ってしまった。将来のことを考えると頭がいっぱいになって、気が変になりそうだ」と語った。

年末年始20日間のイスラエル軍の空爆や砲撃で、3000の建物が破壊された。その多くが民間の住宅である。11か月たってもテント暮らしを続けている男性は、ずっとファタハを支持してきたという。しかし「(ファタハが)助けるのは自分たちの仲間だけで、我々のことは見向きもしない」と言い、手にしていたコップを地面に打ちつけた。彼の怒りは、自分たちはイスラエルに家を破壊されてテントに住み続けているのに、ファタハは自治政府の職員6万6000人に毎月給料を支払っているという現実に向けられている。ファタハが払う給料の財源は、欧米や日本の支援だった。

密輸トンネルによる「地下経済」

2012年3月にも、ガザに入った。

2007年6月にハマスがガザを支配してから5年がたち、イスラエルの封鎖も続いていたが、通りの雰囲気は明るかった。2008年12月下旬~2009年1月中旬のイスラエル軍の攻撃で破壊されたビルのほとんどが修復または再建されていた。さらに、いたるところに新築のビルや建設中のビルがあり、新しいレストランやカフェがオープンしていた。イスラエルの封鎖が緩和されたわけではないが、ガザとエジプトの境界の地下に掘られた何百本という密輸トンネルを通って、建材から食品、電気製品、オートバイまで何でも入ってくるということだった。商品があふれ、活発な経済活動がそこにあるような錯覚を起こした。

しかし、ガザの生産活動はほとんど停止している。原材料が入ってこないために約2000の工場が休止状態で、失業率も4割を超え、特に若者の失業率は6割に達するという。UNR

WA副所長（当時）のスコット・アンダーソンによると、UNRWAの建設資材はイスラエルから検問所を通じて入ってくるが、病院の医薬品などの不足が続き、封鎖状況は変わらない。副所長は「イスラエルから正規に入ってくるのは、ガザに入ってくる物資の10%に過ぎない。建設資材を含め、物資の9割はエジプトから密輸のトンネルで入ってくる。ただし、いくら物資が入っても、消費経済だけでは雇用にはつながらない」と語った。

密輸トンネルは、最初は、人が腹ばいになったりかがんだりしてやっと通れるくらいの大きさだったが、そのころはかなり大型化しているということだった。ガザ市内のビル建設現場で、長い鉄筋が二つ折りになった束を見た。トンネルの入り口から引っ張り出す時にワイヤーをかけるため、二つ折りになっているのだという。

封鎖下でも建設ラッシュがあり、密輸トンネルで物資が入ってくるということは、ガザには資金があるということを示す。もともと、ガザにはいくつかの裕福な家族が地主として存在し、彼らが政治的、社会的な有力者として強い影響力を持つようになった。そんな裕福な家族は、子弟にエジプトや欧米で教育を受けさせ、アラブ世界や欧米でビジネスをしている者たちも少なくない。そういったルートで、イスラエルの封鎖下にあるガザの家族への支援や仕送りがなされている。ガザ市で開店したばかりの大型レストランをのぞいたが、そのレストランには、有力家族であるシャワー家の名前がついていた。

ガザ南部の密輸トンネルは全長500メートルから1キロ以上にも達する。そのトンネルを掘るためには、まとまった資金がなければならない。トンネルを掘削してエジプトから物資を入れるのは、そんな有力家族であろう。1994年にオスロ合意が実施され、ガザが自治区になり、日本も含めて国際的な支援がガザに入って来た時に様々な建設事業を請け負った建設会社には、有力家族の名前が並んでいた。封鎖下で密輸トンネルに依存する経済になっても有力家族による経済支配の構造は変わらず、むしろ、貧困層との貧富の差は広がっている。

財源の50%は、トンネルから入ってくる物資にかける税金

UNRWAによると、2012年当時のガザの人口は160万人だったが、難民として登録され、食料支援などを受けているのは4分の3の120万人だった。2007年にも訪れた慈善組織のイスラム協会は、ガザ全体で2万1000人の孤児を支援し、43の学校、七つの健康センターなどを運営していた。孤児の支援数が5年前の倍近くになっている。アドルカーディル・アッタール事務局長（当時）は「初めての高校の建設を終え、9月に開校させる」と語った。さらに、イエメンの慈善組織の資金・技術援助で郊外のジャバリア難民キャンプに病院が

建てられ、これから別の支援者を探して医療機器を入れるという。オープンすれば47のベッドを持つ総合病院になる。協会では若者のスポーツ活動も行っているが、間もなく屋根付きのグラウンドがオープンするという計画も語った。アッタール事務局長からは次々と新しい事業や新しい施設の話が出てきた。「我々は中東だけでなく、アジアの国々や欧米など世界中から支援を受けている」。イスラム協会の事例だけをとっても、5年間でガザへの人道支援が飛躍的に増えたことが分かった。

トンネルから入ってくる物資にはハマスが独自に税金をかけ、ガザ自治政府の収入になっていた。ハマスのファウジー・バルフーム広報担当（当時）は、ハマスの財源について（1）税金、（2）外にいる裕福なパレスチナ人からの支援、（3）アラブ・イスラム世界の民間からの支援、（4）アラブ・イスラム世界の政府からの支援――と語った。そのうち、トンネルから入ってくる物資への税金は「すべての財源の約50％」。この1年ほどの間でトンネルから建築資材が入ってくるようになり、税収が飛躍的に増えたという。その税収は、軍事部門であるイッズディン・カッサーム軍団とハマス政府、両方の資金源になっているという。ハマス支配になってから雇われた自治政府職員への給料の支払いは、２０１１年末までは遅滞していたが、私が訪ねた２０１２年3月には月初めに銀行に振り込まれたという。そのころはハマス政府に資金不足はない、というのがガザでの一般的な見方だった。

「ハマスの統治に問題はあるが、ファタハのように腐敗していない」

ガザのパレスチナ人権センター代表の弁護士ラジ・スーラーニは、中立的な立場から「かつてハマスはアラブ諸国からの支援に依存していた。いまでは資金の面でも、ますます自立的になっている」と語った。さらに、ハマスの支配になって「ファタハが警察を抑えていた時と比べて、町の治安は飛躍的によくなった。ファタハ時代に複数の警察・治安組織が別々に存在していたものが、ハマスになって一本化されたためだ。さらに、西岸を支配しているファタハはひどい腐敗ぶりだが、ハマスの統治はアラブ世界では最も腐敗の少ない統治である」とハマス政権に対して肯定的な見方を示した。

ハマスに対する民衆の支持については「ガザだけでなく、西岸でも高い。選挙をすればハマスが勝利するのは確実な状況だ」と、世俗派のスーラーニが語ったのには驚いた。スーラーニによれば、西岸からガザに会議などで訪れる人々から「西岸も早くハマスに統治して欲しい」と声が出るという。イスラム派の人々ではなく、スーラーニ同様、世俗派の人々からである。

2007年にハマスがガザを武力で制圧した時に、西岸の自治政府議長アッバスは首相のハニヤを解任してハマス統治を断絶し、欧米は西岸のアッバス体制に支援を再開した。それとともにファタハの腐敗がひどくなったということだ。

スーラーニは人権派弁護士の視点から、ハマスによる統治については、(1)ハマス警察による容疑者への拷問があり、死亡例も出ている、(2)死刑判決があり、さらに法的にも人権上も問題がある軍事法廷で民間人を頻繁に裁いている、(3)ジャーナリストや活動家に対する言論統制、(4)国連関係者などに対するガザへの受け入れ拒否——などの問題があると指摘した。

スーラーニは「ハマスの統治は人権面でよいとは決して言えない。しかし、私がハマス批判をすることはまだ可能だ。さらに、ハマスは我々が言っていることを聞こうとはしている」と語り、「ハマスが国際的な制裁の下に置かれ、そのうえに常にイスラエルの攻撃にさらされているという特殊な事情もある。さらに国際的な制裁下で、ハマス系の警察官や司法職員がガザに閉じ込められているため、国際的な水準や技術を身につける訓練の場を与えられていないことも原因となっている」と見る。

ただし、スーラーニは「全く同様の人権上の問題が、ファタハのアッバス議長が主導するヨルダン川西岸の自治政府にも言える」と言う。そのうえで、「私は個人的にはイスラム主義の統治ではなく、非宗教的な世俗主義を支持するが、ハマスとファタハの統治を比較すれば、腐敗していないこと、治安を十分確立していること、占領からの解放という政治的な目標が単純明快なこと、そのうえに潤沢な資金があるとなれば、ハマスの方がファタハよりもパレスチナの民衆により大きな支持を得ていることは疑いない」と言い切った。

ハマスは2011年秋、イスラエルとの間で、拘束していたイスラエル軍兵士を解放し、それに応じてイスラエルが政治犯を釈放するという合意を実施した。この後、パレスチナを対象とした世論調査でハマスへの支持が上昇した。さらに、同年にファタハとの間で統一政府の樹立と和解に合意したことも、ハマスがパレスチナの統一を目指していることを示した。このようなことが、パレスチナ人がハマスを肯定的に見る要因になっていた。

「アラブの春」以降の追い風

ハマスが2007年6月にガザを支配下に置いた後、しばらくはパレスチナ警察によるファタハ幹部や支持者の拘束や人権侵害があった。2012年の人権状況について聞くため、ファタハに近く、欧米からの財政支援を得て麻薬追放運動などをしている社会組織「アマル・ワ・ハヤー」を訪ねた。その幹部の1人は「ハマスがガザを制圧した当初はかなり緊迫し、NGO

組織も戦々恐々としていたが、最近では状況も落ち着き、次第に緊張も解けてきた」と語った。

私は、2007年にハマスがガザを制圧し、イスラエルとの対立が強まる中で、ハマス体制が強権傾向を強めるのではないかと予想していた。しかし4年半を経て、スーラーニや非ハマス系のNGO関係者の話を聞いて、少なくともその方向には進んでいないことは分かった。実際に見たガザの町や通りの様子も、安全については、スーラーニが言うように「パーフェクト(完全)」であり、そのうえ、革命前のエジプトのように制服、私服の警察官が目を光らせて市民を監視するような方向には進んでいないことも分かった。

スーラーニは、2011年12月にハマスの政治局長ハーリド・メシャアルと会った時のことを語った。カイロに滞在していたスーラーニにメシャアルの方から話を聞きたいと求めてきて、3時間にわたって話した。スーラーニはメシャアルについて、「正直に言って、とても強い印象を受けた。非常にスマートで、政治的な野心にあふれ、ストレートに物を言い、指導者としての強い個性を感じた」と語った。メシャアルの側から呼びかけて、権力批判を行う人権派弁護士であるスーラーニの話を聞いたということは、柔軟な姿勢の表れと言える。

いまから思えば、このころが、ハマスにとってもガザ市民にとっても最良の時だったかもしれない。2011年に起きた民主化運動「アラブの春」によって、エジプトでは30年間在任した軍人出身のムバラク大統領が辞任。その後の民主的選挙でムスリム同胞団系の政党が勝利し、2012年6月に、同胞団幹部だったムルシ大統領が誕生した。ハマスはもともとムスリム同胞団「パレスチナ支部」の位置づけであり、米国やイスラエルと協力してガザ封じ込めに協力していたムバラク政権が倒れ、同胞団がエジプト政治の主導権を握ったことはハマスにとっても追い風となった。ハマスの広報担当バルフームも、人権派弁護士のスーラーニも「アラブの春はパレスチナにとって力になる」と言った。バルフームによると、ガザ自治政府首相のハニヤは2011年11月に、2007年6月のガザ支配以来初めてエジプトや湾岸諸国を歴訪した。「かつてはハニヤを拒否していた政治のムードは、アラブの春で完全に変わった」とバルフームは語った。アラブ世界での同胞団の影響力の増大によって、ハマス内でも政治部門の影響力が強まったということである。

「アラブの春」によって、エジプトだけでなくチュニジアやリビアでも、強権政府崩壊後にイスラム主義勢力が秩序回復を担う主要な勢力になる動きが出ていた。イスラム主義の台頭の中で、これまでパレスチナの中の過激派であり、欧米と対立し、アラブ世界でも政権レベルでは孤立していたハマスも、ファタハに代わってパレスチナ闘争を担う勢力としての自覚を持ちつつあるように思えた。密輸トンネルに依存するいびつな経済の下ではあるが資金源ができ、パレスチナ内で民衆の支持を獲得し、アラブ世界の政府の支持を得られるようになったという環境の中で、ファタハとの和解、イスラエル兵士の解放と政治犯釈放のバーター合意、2012年3月中旬のイスラエルとイスラム聖戦との交戦でハマスは武装不介入の姿勢をとるなど、様々に現実的な対応をしていることからも、その自覚は十分にうかがえた。

アラブ世界がイスラエルを止めた。だがその後……

ハマスにとって、「アラブの春」の後、ガザと接するエジプトで同胞団政権が生まれたことは夢のような話であっただろう。それまでイスラエルとエジプトの両方から圧力を受けていたのが、エジプト側の圧力がなくなったのである。

ムルシ政権成立後、その変化はすぐに形となって表れた。2012年11月14日にイスラエル軍の大規模な空爆がガザで始まり、ハマスの軍事部門指導者が殺害された。2日後の16日に、ムルシはエジプトの首相カンディールをガザに派遣した。翌17日にはムルシの呼びかけでアラブ連盟の緊急外相会議がカイロで開かれた。カンディールに続いて、ムスリム同胞団系組織のナハダ運動が政権を主導するチュニジアの外相がガザを訪問し、イスラエルの攻撃を非難した。アラブ連盟のアラビ事務局長は同日午後、エジプト、サウジアラビア、ヨルダンなどアラブ諸国とトルコの計11外相とガザ入りし、ハマス政府首相のハニヤと会談した。21日に、エジプトの仲介によるハマスとイスラエルの停戦が成立した。空爆によって150人のパレスチナ人が犠牲になったもののイスラエル軍の地上戦突入を止め、犠牲を最小限に抑えた。アラブ世界の外相たちがこのような形でガザに入ってイスラエルの戦争を止めたのは、「アラブの春」後の新たな中東の姿を見せた瞬間だった。

しかし、「同胞団の春」はあっという間に潰えた。翌2013年にムルシ政権は軍のクーデターによって排除され、エジプトでは同胞団が非合法化された。ハマスに対する封鎖も強化され、ガザとエジプトの間の密輸トンネルもすべて破壊された。ハマスにとっても、ガザ住民にとっても、事態は暗転した。

2015年のガザで見た「絶望」

2023年10月7日に始まったハマスによる大規模越境攻撃を考えるうえで、2014年7月8日から8月26日まで50日間に及んだ、イスラエル軍による空爆・地上戦がもたらした荒廃を指摘しないわけにはいかない。この戦闘で2251人のパレスチナ人が死んだ。

私は1年後の2015年8月下旬にガザに入り、現地を見た。自治区はイスラエルによる経済封鎖が続き、建設物資の搬入が制限されているため、空爆から1年たっても生活の基盤である住宅の再建はほとんど進んでいなかった。最も大きな被害を受けたガザ市東部のシュジャーイヤ地区は、無残な廃墟(はいきょ)が続いていた。全壊の家の再建が一部始まったものの、ほとんど手つかずだった。廃墟の中に張られたテントを訪ねると、無職のニダル・アライル(39)が4歳から11歳までの5人の子供と妻と住んでいるという。テントがあった場所には3階建ての住宅ビル3棟が建ち、アライルの姉弟や従兄弟(いとこ)など53人が住んでいた。しかし、イスラエルの攻撃開始から10日後に地上部隊の侵攻が始まり、戦車の砲撃と空爆による爆弾投下によってアライル家は3棟とも全壊した。「家を借りれば月に400ドルから500ドルする。そんな金はない」とアライルは言い切り、「住宅再建についてガザの国連事務所に登録したがいつになるか分からない」「家族で稼いで家を建てて、自分の城ができたと思ったら、それが一晩で消えてしまった。何も残っていない。絶望しかない」と語った。

ガザ市東南にあるカラーラ地区で農業を営むスレイマン・ハミス(40)は、2014年7月にイスラエル軍に家を破壊された後、月400ドルのアパートの部屋を借りて住んでいた。しかし、2015年7月に借家を出て、自分の土地に、約35万円で買ったコンクリートブロックを積んで造ったバラックに住み始めた。「すべて、自分の金だ。借家は狭くて陽(ひ)もささないし、

2014年のイスラエルによるガザ攻撃で崩れたビル
(2015年8月著者撮影)

風も通らず、息がつまりそうだった」とハミスは語った。

ムスリム同胞団出身のムルシ大統領を軍がクーデターで排除した後、軍主導のシーシ政権がハマスを敵視する政策をとり、物資搬入の経路となっているエジプトとの間の地下トンネルを破壊、閉鎖した。それにより復興のための建設資材が入らなくなった。ガザは、まるで時間が止まったように出口のない「絶望」の下に置かれていた。イスラエルによるガザ攻撃は、２００８年12月末から２００９年1月中旬の後、２０１２年11月にもあり、２０１４年は3回目となる。パレスチナ人権センター副代表のジャベル・ウィシャフは「数年ごとにイスラエルによる大規模攻撃があるために、ガザの人々は将来が全く不確実で予想できない状況に置かれ、人々をさらに絶望に追いやっている」と語った。

18歳から25歳の失業率は65%

ＵＮＲＷＡによると、２０１４年のイスラエルによる大規模攻撃の後、ガザの失業率は43%に跳ね上がった。なかでも18歳から25歳までの若者層の失業率は65%となっていた。ガザで話を聞いた若者ムハンマド・ジャード（23）は、同年秋に大学を卒業したものの、仕事がない。「多くの会社を回ったが、特別のコネがなければ就職はできない」と語る。１歳年上で２年前に大学を卒業した兄も失業中だ。ハマス政府は道路清掃などの失業対策を実施しているが、対象は既婚者に限られ、７時間働いて、１日25シェケル（約８００円）。「交通費と昼食で、使い切ってしまう」とジャードは語る。

エジプトとの間の密輸トンネルが封鎖され、空爆でガザの多くの工場が破壊された。それが若者の失業率の異常な高さの原因となっていたのだが、さらにジャードが指摘したのは、パレスチナ自治政府の公務員募集が、２００７年以降、停止していることだ。自治政府への就職は、西岸でもガザでも大きな割合を占める。ガザだけでも８万人の自治政府職員がいるが、８年間もガザで公務員の募集がないのは、ガザを支配するハマスと、西岸を支配する自治政府との分裂に起因している。

2007年時点で職員だった6万6000人には、ハマスがガザを支配した後、自治政府が「ハマスの下では働く必要はない」と指示し、給料だけを支給している。前述のように、ハマスは自前で1万4000人の職員を補充し、その分については独自に給料を払っている。自治政府はガザで新しい職員の募集はせず、ハマスも公募ではなく、自分の組織から職員を補充している。ガザがハマス支配になって、かつての職員6万6000人は働かないまま自治政府から給料が支払われ、新たに採用された職員1万4000人はハマス関係者で占められている。パレスチナの政治的な対立が、若者たちの就職を狭める結果になっているのだ。

私が取材したもう1人の若者ムハンマド・ガザール（20）は専門学校を卒業した後、2年間、ほぼ失業状態だ。2014年に情報技術関係の会社で6か月間、交通費だけ支給されてトレーニングを受けたが採用されなかった。6か月から時には1年間、無給で働くというのは、失業率が高いガザでは一般的だという。その後2か月間、知り合いの会社で朝8時から夜7時まで働いたが、給料は1か月600シェケル（約2万4000円）だった。この2年間で10社余りの会社を回ったが、結局、就職はできなかったという。

欧州への脱出を企てる若者

ガザの若者たちが考えていることは、欧州への密航だ。トルコからエーゲ海を渡ってギリシャに上陸し、陸路を北上してドイツを目指すか、エジプトやリビアから密航船でイタリアを目指すかである。

ガザで脱出の試みを繰り返している若者ナギ（23）と会った。ナギはガザ中部のハンユニス出身で、ガザ市内のカフェの給仕として朝10時から夜中の12時まで1日14時間働いている。日給は15シェケル（約600円）。「家に戻っていたら日給は飛んでしまうので、カフェで寝泊まりしている」と語る。低い給料でも働いているのは、会社などで働こうとすれば、半年から1年間、「研修」と称して無給で働かねばならないためである。ナギは職業学校で裁縫を学び、18歳で修了した後、8か月、職探しをしたが見つからなかった。

イスラエルの封鎖前はガザに小規模の縫製工場が多くあり、ナギもイスラエルの衣料メーカーの下請けをしていた。しかし、封鎖によって縫製工場の多くが閉鎖された。ナギはガザから脱出して、イスラエルに密航することを考えた。イスラエルには150万人のアラブ系市民（パレスチナ人）も住んでおり、潜り込んで働くこともできると考えたのだ。ガザとの境界につくられている金網のフェンスを越えて、友人たち4人とイスラエルに行く計画を立てた。「私たちは2日間、境界での軍のパトロールを見張って記録し、その間隙を縫ってフェンスを越えることにした」と言う。夜中にフェンスを乗り越え、イスラエル側に出たが、すぐ軍のヘリコプターに見つかってイスラエル警察署に連行され、不法入国などの罪で「懲役18か月」の判決を受けて服役した。イスラエルの刑務所を出る時に、刑務所での労働の対価として2500ドルが支払われた。さらに、自治政府の政治犯問題省から500ドルの支援金を受け、計3000ドルの現金を手にした。

ナギは手に入った3000ドルを使って、ガザ南部のラファからエジプトに行く密輸トンネルを通り、アレクサンドリアから密航船に乗って欧州に行くことを考えた。ガザに戻ってすぐの2014年6月初め、密航斡旋(あっせん)人の手配で、ガザにいる友人とともに、ラファの密輸トンネルを通ってエジプトの港湾都市アレクサンドリアまで行った。そこで120人ほどの密航希望者と合流して、言われた時間に港に行ったが密航斡旋人は来なかった。だまされたことが分かり、ガザに一文無しで戻ってきた。

ナギがガザに戻ってから、7月8日から8月26日までイスラエルによる50日間の攻撃と大規模な破壊があった。ナギは、今度はトルコから欧州に行くと話した。親は止めないのか、と聞くと「父は建設業者だが、封鎖によって建設資材も入手できず、仕事はなくなった。私がガザを出ると言えば、父も一緒に行くと言うに決まっている。仕事も希望もなく、戦争がすべてを破壊した。ガザにいる9割の若者は脱出を考えている。ここで普通に暮らすことができれば、誰が出ることを考えるだろうか」と答えた。

3年以上にわたる、ナギのガザ脱出の試みは、ガザに住む若者たちの救いのない状況をそのまま映していた。

第9章　カッサーム軍団の越境攻撃

イスラエルの暗殺リスト1位の、謎の司令官

「シオニスト体制（イスラエル）は我々の土地を占領し、我々の民衆を排除し、我々の町や村を破壊し、我々の民衆に対する数百の虐殺を犯し、子供たちや女たちや年寄りを殺し、国際法や国際人道法を侵している……我々は占領者の指導者たちに犯罪行為の停止を訴えたが、拒否され、国際社会の指導者たちに占領の罪を終わらせるように繰り返し求めてきたが、無視されてきた……我々は神の力を頼み、これらすべてを終わりにすることを決意し、アルアクサー洪水作戦の始まりを宣言する。作戦は敵の拠点、空港、軍事施設を標的としており、最初の20分で5000発以上のミサイルとロケットを発射した……」

ハマスの軍事組織イッズディン・カッサーム軍団によるイスラエル南部への越境攻撃があっ

た2023年10月7日、約10分間に及ぶ音声メッセージがカッサーム軍団の広報サイトで流れた。黒の男性のシルエットから、暗く沈んだ声で、淡々と軍事作戦「アルアクサー洪水作戦」の開始と、その理由が語られる。最後に「あなたたちの兄弟であるイッズディン・カッサーム軍団総司令官、ムハンマド・デイフ」と名乗った。

デイフは1991年の創設からカッサーム軍団に関わり、2002年に部隊の総司令官になったが、動画はなく、写真はシルエット写真を含んで3枚しか出ていないという謎の人物である。10月7日のハマスの越境攻撃を立案・実行した中心人物であり、作戦に向けた軍備強化や戦闘員の訓練強化をしてきたとみなされ、イスラエル軍の暗殺リストの第1位に上がり続けてきた。

イスラエルはこれまで2001年から2014年まで7回、暗殺計画を実施した。特に2014年の暗殺作戦では秘密の自宅がミサイル攻撃され、妻と生後7か月の息子と3歳の娘が死亡したが、デイフは生き残った。この時にデイフは負傷して片足となり車いすを使っているとも、片腕、片目になったとも言われているが、真相は分からない。

デイフはアラビア語で「客」の意味であり、通称である。本名は、ムハンマド・マスリーという。家族は1948年の第1次中東戦争で現在のイスラエル南部にあった村を追われ、難民としてガザに逃げ、本人は65年にガザ南部のハンユニス難民キャンプで生まれた。2023年末時点で58歳。10代のころから養鶏で稼ぐなどし、ガザのイスラム大学で化学を専攻。大学では演劇活動を行い、ガザで初めての演劇集団「アーイドゥーン（帰還者たち）」を結成、自ら俳優として活動したという。一方で、アフマド・ヤシーンが主導したムスリム同胞団のイスラム慈善活動にも参加し、87年に第1次インティファーダが始まってハマスが結成された時に学生たちを率いて参加した。89年にヤシーンが逮捕されたハマスの大量検挙では、デイフもハマスに参加した容疑で逮捕されたが、1年4か月後の91年に釈放された。刑務所の中で、ハマスの軍事部門「ムジャーヒドゥン（ジハード戦士）」の責任者だった創設メンバーの1人、サラーハ・シェハーダと会い、軍事部門の再結成を託されたという。

88～89年の武装闘争で指導部が一網打尽になった経験から、カッサーム軍団は政治部門とは独立した存在として創設された。カッサーム軍団が軍事作戦について最初の声明を出したのは創設から約半年後の92年1月だが、それまでハマスの政治部門の指導者たちのほとんどが、カッサーム軍団という名前さえ知らなかったという。

初期の伝説的な戦闘リーダー

軍事部門の独立は、イスラエルによる摘発から組織を守るためという創設の経緯に由来する。カッサーム軍団の責任者だったサラーハ・シェハーダは「我々は軍事部門の戦士であり、政治部門が我々にあれをしろ、これをしろとは言わない。しかし、政治部門の構想は我々軍事部門が従うところであり、政治的な決定が軍事部門にとって権威を持つ」と語っている。つまり、政治部門が政治的な構想を立て、目標を設定し、軍事部門がその構想や目標を達成するために具体的な軍事行動を決定するということである。ハマスにとっての目標は、イスラエルの占領からパレスチナを解放することであり、２０１７年の新政策文書でも、武装闘争が闘争の中心に位置づけられている。

秘密の存在だったカッサーム軍団が中東・世界に初めて知られたのは、ハマスの結成5周年の１９９２年12月半ば、イスラエル領内からヨルダン川西岸のラマラに向かうイスラエル国境警察の警察官を誘拐し、解放の条件として獄中にいるヤシーンの釈放を求めた事件だった。イスラエルテレビに獄中でインタビューされたヤシーンは「警察官が殺されることをどう思うのか」と質問され、「殺されないことを願う。しかし、警察官の死も、パレスチナ人の死も、イスラエル兵の死も、占領が招いていることで、占領が取り除かれれば、すべての問題が終わる」と答えた。そのインタビューはイスラエルで放映され、世界にも知られた。イスラエル政府はヤシーン釈放には応じず、警察官は殺害された。これがイスラエル政府による416人のハマス活動家のレバノン南部への追放事件につながったことは第7章で書いた通りである。

カッサーム軍団の1990年代初めまでの武力闘争はほとんどが銃撃で、イスラエル軍や警察、占領地のユダヤ人入植者を狙ったものだった。このころ、イマード・アケルというガザ出身の伝説的な戦闘リーダーがいた。90年から93年にイスラエル軍に殺害されるまで40以上の襲撃作戦に参加し、その中でも92年11月、ガザでイスラエル軍車両を襲撃し、ガザの占領軍ナンバー2の将校を含むイスラエル兵3人を「ゼロ・ポイント」と呼ばれる至近距離から銃撃して殺害した作戦は、カッサーム軍団の伝説になっている。

デイフは、アケルのもとで銃撃作戦を学んだとされる。当時、西岸のカッサーム軍団のメンバーだったアブドルハキーム・ハニーニは、2015年に放映されたアルジャジーラテレビの連続インタビューで、カッサーム軍団の初期のイスラエル軍への銃撃作戦について語った。イスラエル軍に拘束された時、カッサーム軍団の銃撃作戦について「どこで訓練をしているのか」と尋問されたが、ハニーニの答えは「射撃の訓練はしていない」「銃撃作戦では、銃を撃つのが初めてというメンバーも多かった」というものだった。にわかには信じられない話だが、アケルがイスラエル軍の将校を殺害した時の距離は4メートルといわれている。至近距離で自動小銃を撃つのだから、特別の射撃訓練は必要ないことになる。必要なのは死を恐れず敵に近づく「殉教」精神というわけだ。アケルはハマス創設3周年を前にした1993年11月、イスラエル軍の協力者の通報で、隠れ家を急襲されて殺害された。

爆弾製造から決行まで——自爆作戦の実際

ハマスは1994年4月から自爆作戦を始める。最初の自爆テロは、西岸ヘブロンのイブラヒム・モスクで同年2月にユダヤ人入植者による銃乱射があり、29人のパレスチナ人が殺害された事件の報復という位置づけだったことはすでに書いた。ガザ南部のラファ難民キャンプ出身のヤヒヤ・アイヤーシュがカッサーム軍団のリーダーとなって、手製爆弾をつくった。アイヤーシュは西岸のラマラにあるビルゼイト大学工学部電気科を卒業し、爆弾のつくり方を書いた英語のパンフレットを入手、それをアラビア語に訳して火薬を自作することに成功した。カッサーム軍団では「ムハンディス（アラビア語でエンジニア）」と呼ばれていた。アルジャジーラの連続インタビューでハニーニは、アイヤーシュのもとで手製の爆弾をつくった次のような経験を語っている。

「私たちは（1994年2月の）ヘブロン・イブラヒム・モスクでの虐殺事件の後、報復のために爆弾を使って占領軍兵士を殺そうと考えた。特別部隊が結成され、アイヤーシュはレストラン用の大型ガスボンベに爆発物を詰めると言った。私たちはガスボンベを売っている店に行き、五つのボンベを買った。私たちがつくったのは原始的な爆弾だった。肥料、炭、硫黄の三つの材料を、農薬を売る店などで買い集めた。炭は粉砕して粉にする必要があり、これが大変だった。仲間の家の台所で、4台のフードカッターで炭を砕いた。材料を調合するのはアイヤーシュの仕事だった。私たちは彼の名前も、ガザ出身だということも知らず、ただ『エンジニア』ということだけを知っていた。彼も私や私の仲間の名前を知らなかった。それが治安上のルールだった。

私たちは指定したモスクの前でアイヤーシュに会い、車に乗せ目をつぶらせて、作業する倉庫に入り、目を開けるように言った。彼は一定の割合で肥料と硫黄を炭と混ぜ続けた。ボンベには50キロずつ火薬を入れた。次に小さな電球を使って起爆装置をつくり、火薬に2本の電線を刺した。バッテリーを接続すると電源が入り、爆発するような仕掛けだった。私たちはイスラエル側から盗んだバンを用意した。車を持ってきたのは別の仲間で名前は知らない。車のバッテリーと起爆装置をつなぎ、運転席に設置したボタンで操作できるようにした。車には5本のボンベに計250キロの火薬を積んだ」

「私たちは（イスラエル側で）兵士たちが頻繁に訪れるレストランを見つけて、彼らがレストランに戻って休憩している昼の時間を狙って作戦を実行することを決めた。その後、私たちはイスラム法の問題を解決する必要があった。私には（ナブルスの）ナジャフ大学のイスラム法の博士の友人がいたので、彼を訪ねて、カッサーム軍団のことを言わずに『ある人物が敵を襲撃しようとして、兵士と一緒に手榴弾で自分も死ぬとしたら、神の祝福を受ける殉教者になりますか』と質問した。彼は私を見て『その人は殉教者です』と言った。

私は仲間に電話し、『殉教の準備をしてくれ』と言い、ある村で若者たちを募った。志願者は5、6人いたという。私たちは偽の身分証明書で車を借り、写真を変更したイスラエルＩＤと免許証を偽造して殉教志願者に渡した。それで志願者はイスラエルの検問所を無事に通過した。私と仲間はアイヤーシュとともに志願者の後を車で追った。私たちは目的地から離れたところで待った。すると、人々が『レストランで大きな爆発があったから逃げろ』というのを聞き、ヘリコプターが飛んでいるのを見て、作戦が成功したことを知った。私たちはイスラエルのテレビのニュース速報で、軍用バスが2台燃え、彼らが乗っていた乗用車2台を見た。殉教者は19歳か20歳の若い男だった。仲間が殉教者の家に行き、彼の父に彼の遺志を記した手紙とコーランを手渡した。それは最初の殉教作戦だったが、人々はまだ何なのかを理解していなかった。組織は公式声明を出し、配布した。この作戦は人々に大きな喜びを与えた。占領軍にとっては強い衝撃であり、彼らはパレスチナのレジスタンスの質的な変化であると受け止めた」

ハニーニの話の中で興味深いのは、爆弾の準備ができてから、イスラエル兵を道連れに死ぬ行為がイスラムでの「殉教」にあたるかどうかをイスラム法の専門家に確認するという手続きを踏んでいることだ。単に敵を攻撃するというだけでは、神が禁止した殺人であり、さらに自爆は自殺となり、共に犯せば地獄に行く。それが「ジハード＝神の道に殉じる死」であるというお墨付きがとれれば、天国に行くことが保証される。

殉教／自爆攻撃を主導したアイヤーシュは、1996年1月、ガザ北部の自宅で携帯電話が爆発して死んだ。イスラエルの情報機関がパレスチナ人の協力者を使って、爆薬を仕込んだ携帯電話がアイヤーシュに渡るようにした。アイヤーシュが電話に出ている間に、イスラエル軍が通話を傍受して爆弾を爆発させたのだ。アイヤーシュ暗殺事件の後、カッサーム軍団は96年2月から3月にかけて4回の報復の自爆テロを行い、計78人のイスラエル人が死んだ。この時、カッサーム軍団を実質的に率いていたのが、2023年10月7日の越境作戦で総司令官だったデイフだ。

殉教／自爆攻撃からロケット・ミサイル時代へ

1996年5月にイスラエルの首相選挙があった。前年11月に労働党のラビン首相がユダヤ人右翼青年に暗殺されたために行われた選挙で、この時、初めて首相が直接選挙で選ばれることになった。ラビンの後を継いで労働党党首になった和平派のペレスと、反和平派のリクード党首のネタニヤフの一騎打ちとなった。当初の世論調査ではペレスが優勢だったが、アイヤーシュ暗殺後に自爆テロが続いたことから和平への失望や治安強化の声が広がり、ネタニヤフが勝利して首相になる。これによって、中東和平は暗転することになった。

ハマスによる連続テロも一つの要因になり、1996年3月にエジプトのシナイ半島の保養地シャルムエルシェイクで、テロ対策を協議する国際会議が開かれた。パレスチナ自治政府のアラファトはハマスの自爆テロを抑えることを求められ、さらにネタニヤフ政権の強硬姿勢を受けて西岸とガザでハマスの摘発に乗り出し、90年代後半、ハマスは次第に追い込まれていった。

1997年にはアブマルズークに代わって政治局長になったハーリド・メシャアルがヨルダ

ンの首都アンマンでモサドの工作員に襲われる暗殺未遂事件があり、それを契機に獄中のヤシーンが釈放されてガザに戻り、イスラエルの占領地からの撤退と引き換えに「停戦」を呼びかけたことは、すでに書いた通りである。抑え込まれていたハマスが息を吹き返したのは、2000年9月に始まる第2次インティファーダである。第5章で書いたように、ハマスは自爆攻撃・テロを繰り返し、武装インティファーダを主導した。ハマスだけでなく、ファタハやPFLPなどの左派系組織も自爆攻撃を行った。しかし、このインティファーダも2005年後半にイスラエルの圧倒的な武力によって抑え込まれてしまった。

この流れの中で、ハマスの政治部門と軍事部門のそれぞれに新たな動きが起こった。

政治部門では第7章で書いたように、メシャアルやアブマルズークら在外の政治局指導部の主導で、ガザ代表のイスマイル・ハニヤが中心となって2006年のパレスチナ自治評議会選挙に参加する動きである。2017年にハニヤがガザを出てカタールに移り、メシャアルに代わって政治局長になるタイミングで発表された新政策文書の発表も、政治的にイスラエルと対抗しようとする政治の動きだった。

新政策文書の第29項ではファタハが率いるPLOについて「パレスチナ内外のパレスチナ人のための国家的枠組みである。パレスチナ人の権利を守る形で、パレスチナ人のすべての構成メンバーと勢力の参加を確保するために、民主的な基盤の上に維持され、発展、再建されるべきである」とある。これはハマスがＰＬＯに参加する意思があることを示している。実際にハマス政治局はファタハとの和解交渉を続け、２０２２年にはアルジェリアでの和解交渉における「アルジェリア宣言」で、ハマスの参加を前提として、全パレスチナ人の代表機関であるパレスチナ民族評議会（ＰＮＣ）選挙、ガザ、西岸、エルサレムでのパレスチナ自治区大統領選挙と自治評議会総選挙の実施をうたった。２０１７年新政策文書を策定した狙いについてメシャアルが「他のパレスチナの政治勢力とともに戦い、パレスチナ人の力を結集」と強調したように、政治局は、ヤシーンが90年代に唱えた「ホドナ（長期的停戦）」の実現に向けてイスラエルに政治的攻勢をかけようとしていたことが分かる。

一方、軍事部門のカッサーム軍団は、部隊を率いていたサラーハ・シェハーダが２００２年7月にイスラエル軍の大型ミサイル攻撃で家族もろとも暗殺された後、ムハンマド・デイフが指揮をとるようになった。デイフはシャハーダを継いで殉教／自爆攻撃を続けたが、２００５年に殉教／自爆攻撃を放棄したのもデイフである。代わりに力を入れたのが、ロケットの開発・製造だった。カッサーム軍団のホームページを見ると、ロケットとミサイル開発の経過を見せる特設ページがある。２００１年10月26日の日付で「最初のロケット発射声明」がある。

カッサーム・ロケットによる最初の爆撃についての第1声明

我が英雄的なパレスチナ人大衆よ、アラブとイスラムの国々よ

全能のアッラーのご加護を受けて、殉教者イッズディン・カッサーム軍団は、「カッサーム・ロケット1」を部隊の技術的な革新として宣言する。我々はガザ北部のシオニスト都市アグダルートを数発のロケット弾で砲撃したことを宣言する。2001年10月26日金曜日の午後2時10分に行われた。この作戦はパレスチナの人々へのシオニストの犯罪に対する報復であり、最近の例はベイトリマの村での出来事だった。

パレスチナ大衆よ

我々はアッラーに誓い、さらにあなたたちに誓う。シオニストの生活を耐え難い地獄とし、我々は入植地や都市に入り、万能の神の助けによって彼らを私たちの土地から追い出すことを。我々はあなたたちに、絶望することなく、常にジハードとレジスタンスを選択する側に立つことを呼びかける。我々はパレスチナの土地を完全に解放するまで常に忠実であることを約束する。

この声明の中で「ベイトリマの村での出来事」と書いているのは、カッサーム・ロケットが発射される2日前の10月24日に、西岸ラマラ郊外のベイトリマの村にイスラエル軍が侵攻し、村人9人を殺害した事件のことである。カッサーム軍団がウェブサイトの中でカッサーム・ロケット第1号の最初の発射の声明を掲示しているのは、それが殉教／自爆攻撃に代わるロケット・ミサイル時代の先駆けとなったためである。

ロケット・ミサイルの進化

ウェブサイトには「カッサーム・ロケットの発展」と題する文書もある。射程などの数値は発表のままである。

▽カッサーム1
カッサーム軍団は２００１年10月26日、ガザに隣接するイスラエルの都市スデロットに向けて初めて発射を発表。カッサーム軍団によって地元で製造された最初のミサイル。射程は２～3キロ。

▽カッサーム2

「カッサーム1」ロケットから改善され、2002年に発表された。射程は9～12キロ。
▽カッサーム3
2005年発表。射程15～17キロ。人口が密集する大都市のアシュケロンに達した。
▽M75ミサイル
2012年11月14日にテルアビブとエルサレムへの攻撃として発表された。射程75～80キロ。
▽サジール55－40ミサイル
イスラエルの2014年7月10日のガザ攻撃で発射された。射程55キロ。

カッサーム軍団は数年後、サジール40（S40）ミサイルを導入。アシュケロン、シュドット、ビールシェバなどを攻撃した。
▽J80ミサイル
2014年のイスラエルのガザ攻撃中にテルアビブを攻撃。射程80キロ。
▽R160ミサイル
2014年7月発表。射程160キロ。
▽カッサーム12－20（Q12－20）
カッサーム・ロケットの改良型。射程12～20キロ。2021年5月の攻撃で初めて使用され

た。

▽A120ミサイル

2021年5月11日のエルサレムやテルアビブ攻撃で使用。最大射程120キロ。

▽SH85ミサイル

2021年5月12日、テルアビブとベングリオン空港へのミサイル攻撃に使用。射程85キロ。

▽アイヤーシュ250

2021年5月31日に発表。射程約220キロ。カッサーム軍団は「(イスラエルの)北部から南部までのあらゆる地点が射程内にある」とする。

以上、カッサーム軍団のサイトに基づいたロケット・ミサイルの開発・改良の記述である。軍団が力を入れていることが分かる。軍団の創設から中心メンバーだったデイフは、イマード・アケルが率いた至近距離からの銃撃作戦の時代、そしてヤヒヤ・アイヤーシュが率いた自爆作戦の時代を経験し、その後のロケット・ミサイル作戦を始め、すべての戦略を修得している。

カッサーム軍団のロケット・ミサイルについては、2014年7月8日から8月26日にかけての50日間のガザ攻撃中に4500発を発射したことが知られている。さらに2021年5月10日から20日までの11日間のガザ攻撃中には4300発を発射し、イスラエルを驚かせた。ロケット開発の資金は、在外の政治局メンバーや、ガザの政治部門のメンバーがアラブ諸国や特に湾岸諸国を回って集めてくる。イスラエルによる度重なる大規模攻撃によって、ガザでは人が死に、住宅地が破壊されるが、年を追うごとにロケット・ミサイルの性能が向上し、大量に製造されることは、カッサーム軍団に豊富な資金が集まっていることを示している。

2017年からハマスのガザの政治指導者を務めるヤヒヤ・シンワールは、2021年5月の演説で「ハマスやカッサームは、外国からのパレスチナ社会への援助から一銭もとることはない。ハマスとカッサームには、援助や復興資金に手をつける必要のない十分な資金源と収入がある」と語っている。演説は5月10日から20日まで11日間のイスラエルのガザ攻撃があった後だが、この時はハマスが4300発のロケットやミサイルをイスラエルに向けて放った。多くはイスラエルの防空システム「アイアン・ドーム」で撃墜されたが、中にはドームをくぐって着弾し、イスラエル側に被害を与えたものもあった。

シンワールは2018年5月、レバノンに拠点を置く親イラン系のアラビア語テレビチャンネル「アルマヤディーン」のインタビューで「イランは、特にイスラエルによるガザ攻撃が始まった後、カッサーム軍団に多くの資金と機器、技術を提供してくれて、部隊の能力の発展に寄与してくれた」と語っている。封鎖されているガザに武器や兵器を入れることは難しいため、兵器開発と生産のノウハウをイランが提供したことが、部隊の急速なロケット・ミサイルの開発・生産につながったことは疑いない。

ハマスの抗戦を助ける軍事用地下トンネル

さらにデイフがカッサーム軍団の総司令官として取り組んだのが、「メトロ」と呼ばれる軍事用地下トンネルの掘削である。

2007年にイスラエルによる封鎖が始まった後、ガザ南部のエジプトとの境界線の下に密輸のためのトンネルを何百本も掘り、食料、商品、燃料、医薬品、建設資材などあらゆるものを運び入れたことはすでに書いた。

私も2009年にトンネル掘削現場を取材したことがあるが、入り口は1メートル四方ほどで、まっすぐに竪穴(たてあな)が掘られ、10メートルほど降りると、人がかがんで通れるほどの横穴になっている。その後、トンネルからの密輸がガザ経済を支えるようになると、オートバイなども密輸できるほどの大きなトンネルが掘られた。このトンネル掘削のノウハウを軍事的に援用して、ガザ全体にトンネルを張り巡らしたのがデイフ指揮下のカッサーム軍団だった。

シンワールは、2021年5月27日の1時間40分に及ぶ記者会見の中で、イスラエルが5月10日から21日までの11日間のガザ攻撃で「100キロのトンネルを破壊した」と言っていることを引用して、次のように語った。

「イスラエルの計画はハマスの『メトロ』を破壊することだった。彼らはトンネルのうち100キロメートルを破壊したと言っている。しかし、ガザのトンネルは500キロメートル以上ある。彼らの話が真実であるとしても、破壊したのはわずか20%に過ぎない。実際の損害は5%以下であり、カッサーム軍団の軍事産業部が、数日以内に復旧する。レジスタンスのすべてのインフラネットワークはまだ存在している」

2023年10月7日のカッサーム軍団の越境攻撃の後に始まったイスラエルの大規模攻撃で、連日の空爆と地上部隊の侵攻を2024年6月まで8か月受けても、なお、カッサーム軍団が抗戦を続けることができているのは、軍事トンネルの存在を抜きにしては考えられない。2024年2月19日にロイター通信が報じたカタールにいる在外政治局筋の情報では、カッサーム軍団の死者は6000人としている。イスラエル軍は1万2000人のハマス戦闘員を殺害したとしており、倍ほどの違いがあるが、実際の数字はその間にあり、総数3万人と言われるカッサーム軍団の3分の2以上は残っている可能性が高いことになる。

2023年越境作戦のキーマン

カッサーム軍団を率いるデイフが軍事的局面を打開する大規模作戦を実行しようとしてロケット・ミサイルを開発・製造し、さらにイスラエルの攻撃を想定してトンネル網を建設してきたことは想像がつく。それに加えて、大規模な越境攻撃を実行できた背景に、ガザの政治指導者となったシンワールの存在がある。

シンワールは1962年生まれでハニヤと同い年であるが、第3章で書いたように、ハマスが創設される前月の87年11月に、イスラエルの協力者・スパイを摘発する「アルマジド（栄光）」という軍事組織の責任者に任命された人物である。ヤシーン自身が、逮捕される前に3人のスパイを処刑したことを証言している。シンワールは89年の大量検挙で拘束され、2011年まで22年間、イスラエルの刑務所で服役していた。釈放された後、ハマスのガザの政治部門でカッサーム軍団との連絡調整役につき、2017年2月、ハマス内の秘密選挙でハニヤに代わってガザ政治部門のトップに就任した。自らの経歴だけでなく、彼の弟はカッサーム軍団のハンユニス旅団の指揮官であり、軍との関係が強い。

一方のハニヤは第1次インティファーダの民衆デモを率いて頭角を現し、1992年にレバノン南部に追放されたハマス指導者の1人として注目された。ガザに戻った後はイスラム大学学長を務め、その後、97年に釈放されたヤシーンの事務所を仕切る事務局長となって文民指導者の道を歩いてきた。ハニヤがメシャアルの代わりに在外政治局長としてハマス全体のトップになるのは2017年5月であり、ハニヤが2019年12月にカタールに移るまでの1年半、在外政治局長のハニヤとガザの政治指導者シンワールがともにガザにいるという異例の事態になった。ハニヤとシンワールの関係はぎくしゃくしていたという報道が出ているが、強硬派のシンワール、穏健派のハニヤとみなされており、指導者としての個性はかなり異なる。ハニヤが中東歴訪でガザを出た後、カタールにとどまったのは、シンワールとの関係がこじれたためという見方もある。

シンワールはガザの政治指導者になってから組織内でかなり強権的に粛清を行い、ハマスの内部でも恐れられたという報道がある。スパイを摘発する機関の責任者だったという経歴からすれば、内側から情報が漏れないように、イスラエルの協力者を排除することをまず考えたことは想像できる。2023年の越境攻撃作戦が事前にイスラエルに漏れなかったのは、シンワールがハマスのトップだったことと無関係ではないだろう。戦争開始後のコメントで、アブマルズークは「カッサームの軍事行動については誰も聞いていない」と答えている。しかし、具体的な攻撃の開始について政治局から指令を出したり、ガザから政治局に通告したりしていないというだけで、在外政治局とガザのシンワールの間で、大規模な軍事攻撃を行う方針は共有されていたはずである。ただし、軍事行動をいつ、どのような形で行うかは、シンワールとカッサーム軍団総司令官デイフに任されていたと考えるべきだろう。

2018年から2年続いた「帰還の大行進」

シンワールがトンネルのことを語った2021年5月27日の記者会見では、まず1時間15分に及ぶ演説を行い、その後、25分ほどの質疑応答があった。それはアルジャジーラテレビなどアラブのテレビ局で放映された。記者会見というよりも、彼が2017年にガザのハマスのトップになってからの4年間を総括し、今後に向けた方針を示すような内容だった。

シンワールがガザ代表に選任されて手がけた最大の政治プロジェクトは、2018年3月に始めた「帰還の大行進」だった。

2018年は、1948年の第1次中東戦争の勃発から70年の節目で、イスラエルにとっては独立70周年、パレスチナにとっては70万人の難民がパレスチナを追われたナクバ（大破局）

から70周年だった。それも、単に70周年というだけではなかった。この年の5月に米大統領トランプが主導して、米大使館をテルアビブからエルサレムに移転させることを発表していた。前年の2017年にトランプはエルサレムをイスラエルの首都と認定する大統領令を出したが、それに続く措置だった。イスラエルは67年の第3次中東戦争でガザ、西岸とともにエルサレム旧市街を含む東エルサレムを占領し、後に東エルサレムを併合して、エルサレムをイスラエルの首都と宣言した。しかし、国連安保理はイスラエルの首都宣言を認めないとする安保理決議を採択し、欧米や日本を含むほとんどの国のイスラエル大使館はエルサレムではなくテルアビブに置かれていた。米国は安保理の決議に反して、大使館をエルサレムに移したことになる。

シンワールの「帰還の大行進」の呼びかけは、ナクバ70周年と米国によるエルサレムの首都認定に抗議する二重の意味があり、大衆を動員して、イスラエル軍がいるガザの分離壁の近くで抗議活動をさせるものだった。デモは2018年3月30日から始まり、毎週金曜日に数千人の若者たちがイスラエル軍の監視拠点がある分離壁の前に集まって、タイヤを燃やしたり、イスラエル軍に投石をしたりして抗議した。それに対して、イスラエル軍は催涙弾やゴム弾だけでなく、実弾も使ってデモ隊に攻撃を加えるという光景が金曜日ごとに繰り返され、2020年春まで2年間続いた。この間のパレスチナ側の死傷者は、国連人道問題調整事務所（OCH

A）の集計で死者214人（うち子供46人）、負傷者3万6100人（子供8800人）である。死者の多くが実弾によるもので、負傷の中でも、実弾による負傷が8000人（22％）であった。この間、デモの投石などによるイスラエル兵士の死傷者は死者1人、負傷者7人。OCHAはイスラエル軍による過剰な武力行使を非難した。

シンワールは先の2021年の記者会見で「帰還の大行進」について次のように述べた。

「私たちは2018年3月から2年間の帰還行進で、民衆による平和的な抵抗運動を行った。私たちはこの行動に対して世界に二つのことを期待した。第1は、この平和的な運動を評価し、敵（イスラエル軍）が民衆に対して行う過剰で致死的な武力行使を抑制すること。第2は、我が民衆の要求と権利を達成するために占領する敵に圧力をかけることだ。しかし残念ながら、占領軍の狙撃兵は、私たちの息子たちや娘たちの額や心臓、目、手や足を狙い、かなりの数が負傷し、死んだ。そのことを世界は傍観しているだけで、動こうとはしなかった。私たちはもう一度、強く主張する。私たちは占領に対して、民衆による平和的手段によって抵抗することを選ぶと。しかし、敵が罪を犯し、限度を超えたら、私たちは武装抵抗に頼らなければならなくなる」

「全世界は、米国やヨーロッパ諸国も含めて、パレスチナ情勢に対する包括的な解決策がなければならないという事実に向き合うべきだ。このままでは事態が暴発する可能性があることは明らかだ。世界が、国際法および国際決議を遵守するために（イスラエルの）占領に圧力をかける機会をつかむよう求める。……もし世界が（イスラエル軍の）占領に西岸から撤退するよう圧力をかけ、入植地を解体し、東エルサレムから撤退し、囚人を解放し、ガザの包囲を解き、私たちの土地にパレスチナ国家を設立することを認めるならば、地域の安定を達成することになる長期的な停戦を行うことができる」

2023年10月7日のハマスによる越境攻撃の後からこの記者会見を振り返れば、シンワールはこの時、大規模な武力行使を実行することを念頭に置いて、世界に対して警告を発したと考えることができる。一方で、シンワールのもとでハマスが進めた「帰還の大行進」が世界にほとんど無視されたことは、ガザの人々、特に若者たちの絶望や無力感を募らせた。当時のガザからの報道などを見ると、イスラエルの封鎖下にいる若者たちにとって、「帰還の大行進」に参加することは絶望や怒りのはけ口であり、かつ、ガザの人々にイスラエルの暴力的な占領を実感させ、イスラエルに対しては「力」で対抗するしかないと覚悟させる機会となった。

2年間続いた「帰還の大行進」を考える時、若者たちがイスラエル軍によって傷つくことが分かっている悲惨で無謀なデモを、なぜ、シンワールは続けさせたのかという疑問がわいてくる。シンワールは「帰還の大行進」を「民衆による平和的な抵抗運動」と定義しているが、ここで、ハマスの創設についてのヤシーンの説明や第1の声明を想起する必要がある。すでに書いたように、ハマスは反占領のイスラム大衆運動を指導する政治組織であり、「殉教」精神を掲げて、人々に占領軍に対抗することを呼びかける役割があった。それに対して、武装闘争を行う軍事組織のカッサーム軍団は、大衆による街頭活動ではなく、組織もメンバーも閉じられた秘密活動である。第1次インティファーダの時から、ハマスの政治部門が呼びかける反占領デモは、民衆に「殉教」を求めるものであり、軍事部門のカッサーム軍団は民衆を守ることはなく、圧倒的な軍事力の差があるイスラエル軍と戦うことによって戦士たちに「殉教」を求めるものである。ガザの政治部門の指導者であるシンワールにとっては、イスラエル占領軍に向けての反占領デモである「帰還の大行進」を呼びかけることこそが、任務なのである。そのデモで、214人の「殉教者」を出した。それを受けて、シンワールは「敵が罪を犯し、限度を超えたら、私たちは武装抵抗に頼らなければならなくなる」と語ったが、武装抵抗を指揮するのは、シンワールではなく、カッサーム軍団総司令官のデイフである。

この章の冒頭に紹介した10月7日の越境攻撃「アクサー洪水作戦」についてのデイフの声明

で、「我々は占領者の指導者たちに犯罪行為の停止を訴えたが、拒否され」と語っているのは、「帰還の大行進」での民間人の犠牲を踏まえ、シンワールの「武装抵抗」の警告を引き継いだものと考えられる。２０２０年春に「帰還の大行進」が終わった後、２０２1年5月のイスラエルのガザ攻撃、さらにその直後のシンワールによる記者会見を経て、カッサーム軍団による軍事作戦に転換するという機関決定がカタールの政治指導部で行われ、具体的な時期や方法はデイフに委ねられたと考えるべきだろう。

私はファタハが１９７０年代に行った軍事作戦について取材したことがあるが、方針はアラファト以下の指導部が決めるが、そのための戦闘員の訓練などの準備や実施時期、方法はすべて軍事部門に委ねられるという話を現場の指揮官から聞いたことがある。事前に計画がイスラエルや米国など欧米の情報機関に漏れないためにはハマスも同様の方法をとるしかなかったのではないかと考えられる。

希望は「殉教」と語った戦闘員

イスラエルの大規模な報復が来るのは分かっているはずなのに、なぜ、ハマスが大規模な越境攻撃に出たのかを考える時、ガザがイスラエルの占領と封鎖の下に置かれているという特殊事情を考える必要がある。

「天井のない監獄」と言われるガザで人々の間に広がる閉塞感は、第8章でも紹介した。越境攻撃があった2023年まで16年続いた封鎖の間に、4回にわたりイスラエル軍による大規模攻撃があった。越境攻撃に参加したほとんど20代と思われる若者たちは、物心ついた時から封鎖があり、働こうと思っても失業率が高く、そのうえ戦争が繰り返されて千人単位で人が死に、万単位で建物が破壊される。その中で、何ら希望のない生活を送ってきた。そんなガザの若者たちの絶望を吸収したのがハマスだった。封鎖によって引き起こされる経済困難によって、人々がますますハマスに依存していくというUNRWA幹部の話を紹介したが、それは貧困救済や孤児救済をしているハマス系の社会組織の話である。一方で、希望を失っている若者に「殉教」という希望を与えているのは、ハマス軍事部門のカッサーム軍団である。

封鎖が始まって4か月後の2007年10月に、ガザでカッサーム軍団戦闘員の21歳の若者に話を聞くことができた。通称アブハムザ。約束した場所に行くと、目出し帽をかぶったままで、カバンからカラシニコフ銃、短銃の他、「ハマス」と刻印された手投げ弾を取り出して見せた。ガザでつくられている手投げ弾だという。

アブハムザは、高校2年生の時にハマスの通常メンバーから軍事部門に入った。軍事部門への参加を求める7通の手紙を書いて自分が住んでいる地域の代表者に渡し、3か月後に受け入れられたという。3か月間はカッサーム軍団による徹底的な身上調査があったことだろう。ヤシーンが語ったように、最も重要なのは信仰深いかどうかである。アブハムザはカッサーム軍団に入りたいと思った理由について「従兄弟3人がイスラエル軍に殺された。同じ高校の先輩が何人もイスラム戦士になって、イスラエル軍に攻撃を仕掛けて殉教した。自分も戦わねばならないと思った」と語った。

ハマスの軍事部門に受け入れられると、最初に軍事訓練が3か月あった。夜中から未明にかけて連日野外で行われ、40人ほどが参加した。起伏のある丘に張りわたしたロープを渡る訓練では、1人が10メートル以上の高さから落ちて、骨折して病院に運ばれた。さらに3、4日おきに繰り返されたのは、石ころがごろごろした急斜面を上半身裸で匍匐(ほふく)前進で這(は)い上がったり、這い下りたりする訓練だ。上半身は血だらけになった。まるでトカゲになったように地面を腹で這い回った。ガザは周囲をすべてイスラエル軍の壁で囲まれている。壁に近い場所は、イスラエル軍が安全対策として数百メートルにわたってすべての家を破壊してブルドーザーで排除し、樹木一本ない更地になっている。「夜、イスラエル軍の監視をくぐって奇襲を仕掛けるには、200メートルも300メートルも腹ばいで進まねばならない」。

アブハムザは昼間、ハマス系の社会慈善組織で働いているという。戦士になってからも年に2、3回、1か月程度の夜間訓練がある。しかし、軍事部門で働いていることは、家族にも職場の同僚にも秘密にしなければならない。

ガザ北部にある六つの旅団は、それぞれが五つの連隊に分かれているという。各戦士は5、6人の班で行動し、夜間にイスラエル軍特殊部隊がアラブ人に偽装して潜入してくるのに備えて、徹夜でパトロールする任務が週1で回ってくる。彼らがイスラエル軍に対して攻撃を仕掛ける時には、「殉教作戦」と呼ぶ自爆作戦や突撃作戦など捨て身の攻撃しかない。「殉教作戦」は志願した者が選ばれる。「私は戦士になって14回、殉教志願の手紙を地域の司令官に出した。指令が下れば、今日でも赴く覚悟だ」とアブハムザは語った。「なぜ、戦士になったのか」と問うと、「ガザでは生きていく目標が何もなかった。仕事もない。将来への希望も持てない。戦士になって初めて、生きている意味を感じることができるようになった。それはイスラエルの占領と戦うということだ」と語った。21歳で生きていく目標を見つけられないから、イスラエルの占領と戦って殉教者として死ぬことに意味を見出すという。かつて自爆した若者の遺書を読んだり、自爆に失敗した若者の証言を聞いたりした時に感じた、占領下にあるパレスチナ人の若者が抱く現実への深い絶望感を読み取った。

では、ハマスは占領下の人々の絶望を闘争に利用している、ということだろうか。私もそのように考えた時もあった。しかし、イスラム教徒の話を聞くうちに、それは「来世」を信じない人間の解釈に過ぎないと思い直した。イスラム教徒は、神を信じ、「来世」を信じている。この世に絶望するから、実質的な自殺として「殉教」に向かうわけではない。ハマスは異教徒による占領と戦う「ジハード（聖戦）」の道を人々に示す。それは来世で天国につながる道である。ハマスは人々に現実の絶望を超えるためにジハードの道を示す。だからこそ、アブハムザはハマスの戦闘員になって「生きる意味」を見出したと言っているのだ。

イスラエル侵攻後も「越境攻撃を肯定」が71％

占領と戦って死ぬことが生きることに優先する、という思いは、ガザに充満している空気と言っていいだろう。特に、2014年7月から8月に50日間続いたイスラエル軍の攻撃で2251人が死んだ後、その空気はさらに濃くなった。

2023年10月のハマスの越境攻撃の後、イスラエル軍による激しい空爆と地上軍の侵攻が続く中で、攻撃開始から5か月半後の2024年3月20日に発表されたパレスチナの世論調査がある。西岸のラマラにあるパレスチナ政策調査研究センターの世論調査で、「ハマスが越境

ハマスの越境攻撃についての評価
（パレスチナ政策調査研究センター2024年3月の世論調査）

●あなたの見方として、ハマスが10月7日に
イスラエルへの攻撃を行ったのは正しかったか、正しくなかったか？

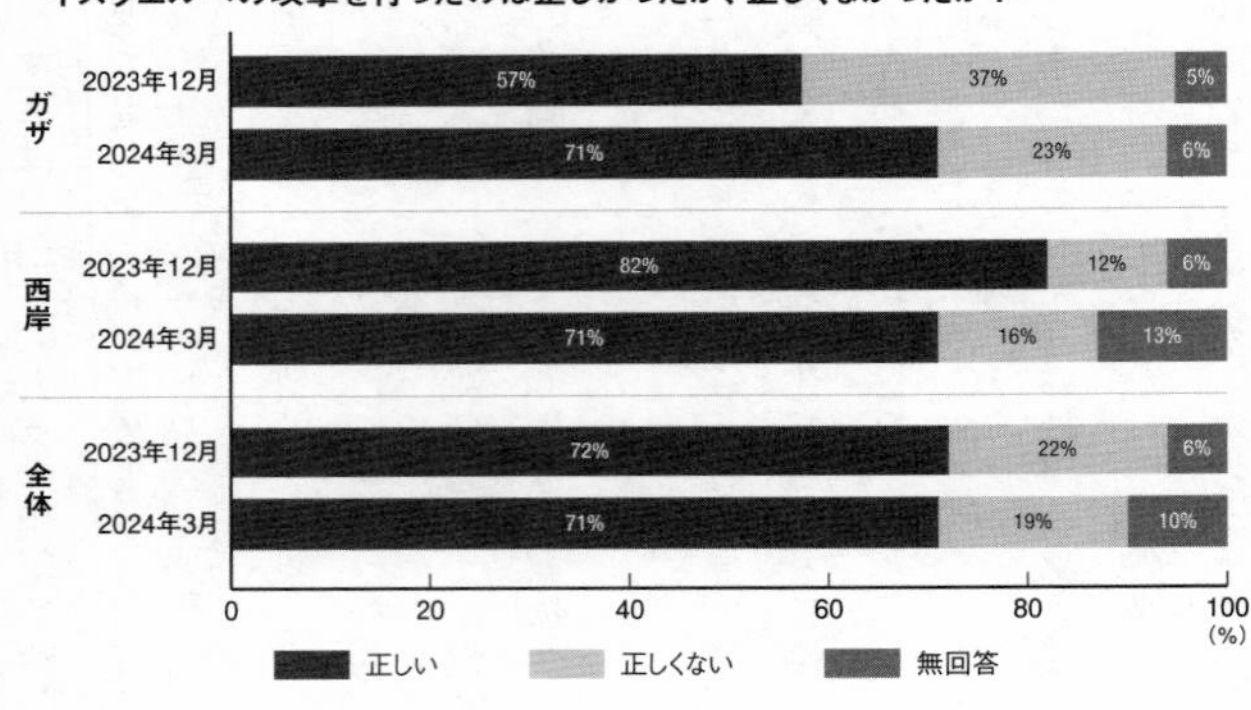

攻撃を行った決定は正しかったか、正しくなかったか」という問いについて、ガザでも西岸でも、「正しい」がともに71%を占めた。「正しくない」はガザで23%、西岸では16%だった。

　同様の世論調査は２０２３年12月にも行われており、その時は、ガザでは「正しい」57%、「正しくない」37%であり、12月に比べてガザの死者は3万人を超えるほどに増えたにもかかわらず「正しい」が14ポイント増え、「正しくない」が14ポイント減った。さらに「この戦争でハマスとイスラエルのどちらが勝利する、と思うか」という問いについて、ガザでは12月調査でハマス勝利50%、イスラエル勝利31%だったが、3月調査ではハマス勝利56%、イスラエル勝利19%と、ハマスが勝利するという世論が

ガザ戦争での政治勢力や政治指導者への満足度
（パレスチナ政策調査研究センター2024年3月の世論調査）

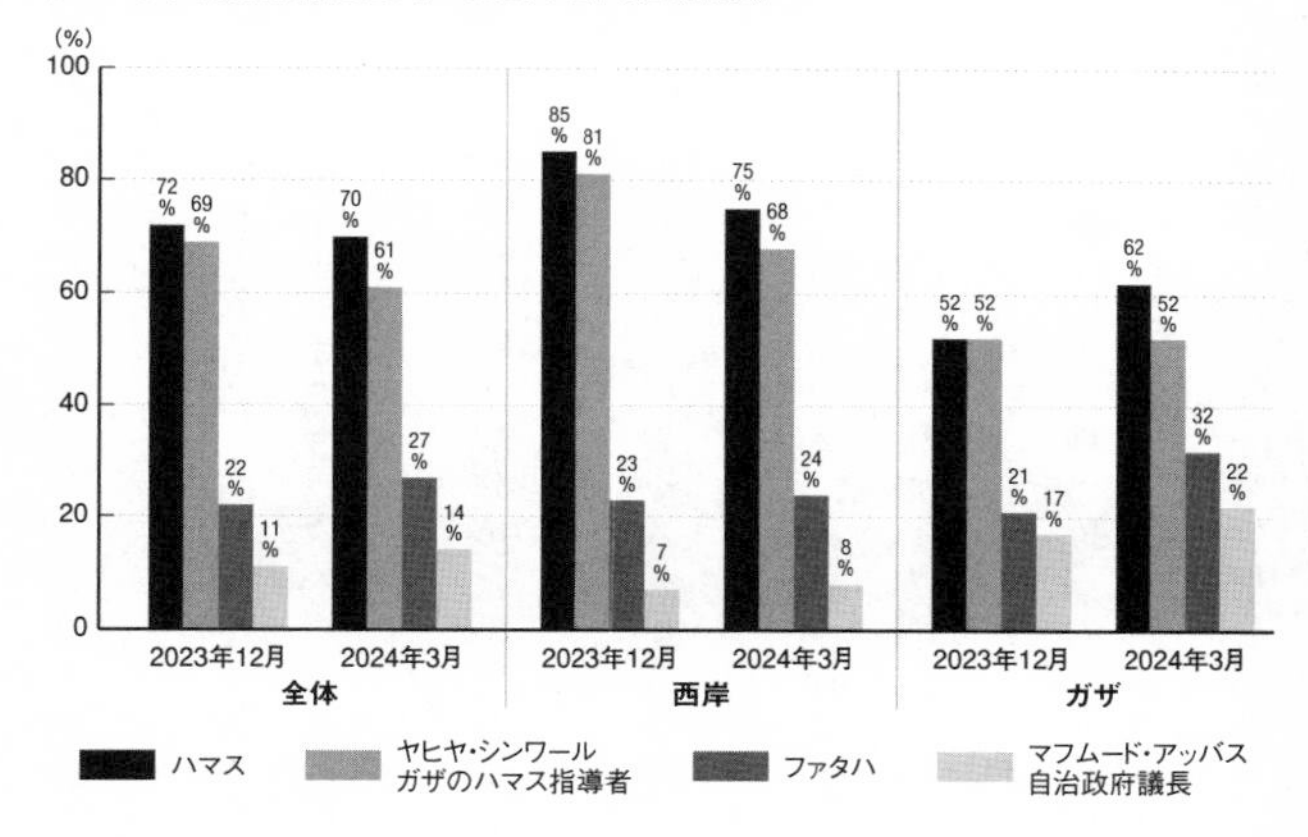

明確に増えた。

一方、西岸では12月調査で「正しい」82%、「正しくない」12%だったが、3月調査では「正しい」11ポイント減、「正しくない」4ポイント増となった。ハマスの越境攻撃への賛成が減ったが、それでも7割台の高い数字を維持している。

なぜ、ガザでは状況が悪化しているにもかかわらず、ハマスの越境攻撃を「正しい」とする割合が増えたのだろうか。

ガザ市民は、イスラエルによる占領がパレスチナ人の苦難の原因であり、占領を終わらせない限り、自分たちの生活も未来もないと考えていると理解すべきだろう。このガザ市民の世論自体が、イスラエルの占領下で生きることの過酷さを表している。その結果、占領と戦うしかないと考え、ハマスの越境攻撃を支持しているということである。

同じ3月の世論調査には、ガザを支配するハマスとその政治指導者ヤヒヤ・シンワール、西岸の自治政府を主導するファタハと自治政府議長マフムード・アッバスへの満足度を問う設問もある。

ガザでは、ハマスへの満足度は62％、シンワールは52％、ファタハは32％、アッバスは22％。ハマスへの満足度は、12月調査時は52％だったので、10ポイント増えている。一方、西岸での世論を見ると、ハマスに対する満足度は75％、シンワール68％、ファタハ24％、アッバス8％と、ガザ以上にハマスへの満足度が高く、ファタハとアッバスへの満足度が低い結果が出ている。12月調査では、ハマスに対する満足度は85％、シンワール81％、ファタハ23％、アッバス7％と、ハマスやシンワールへの満足度は8割を超えていた。その後、西岸の状況も悪化したためハマスへの満足度は下がったが、それでも7割を超えている。

カッサーム軍団による越境攻撃の後、イスラエルによる大規模空爆が始まり、ハマスが支配するガザ自治政府は実質的に機能していない。シンワールは地下トンネルに潜伏し続けている。それでもハマスへの満足度が7割を超えていることは、イスラエル軍に対して抗戦し続けていることを支持していると考えるべきだろう。ガザ、西岸ともにハマスやシンワールへの満足度が高く、ファタハとアッバスへの満足度が低いのは、民衆の多くが占領と戦わない政治勢力、政治指導者を拒否していると考えるしかない。

私は、このラマラの調査機関をエルサレム特派員だった2001年から度々取材してきたので、ファタハからもハマスからも中立な機関であることを知っている。そもそもガザではハマスによる支配は崩れているから、強制された数字ではない。また、いまだにパレスチナ警察や治安機関が民衆を抑えているにもかかわらず西岸でのファタハやアッバスへの支持が低いことを見れば、回答者が何らかの圧力を受けているとも思えない。パレスチナでは西岸でもガザでも公然と権力を批判すれば弾圧されるが、秘密警察官が民衆を監視する他の中東の強権体制国家と異なり、独立機関による無記名の世論調査に率直な回答ができないような状態ではない。この調査結果は、ハマスの越境攻撃によってガザ情勢が悲劇的状況になっている中でのパレスチナ人の世論と考えるべきである。

「犠牲を出し続けても、抵抗を止めない」スタンス

日本人の多くは、この調査に表れたパレスチナ人の民意を理解することは難しいかもしれな

い。イスラエルのガザ攻撃による死者が3万人を超えようとしているのに、ガザ市民はただイスラエルに攻撃されるばかりで、ハマスが市民を守って戦う姿がないのも異様に思えるだろう。ハマスは民衆から遠いところでトンネルに潜んで移動し、イスラエル軍に奇襲攻撃をかけている。他にも、ガザの人々が日々殺されていく状況で、なぜ、ハマスやハマス武装部門のカッサーム軍団は人々の苦難を引き延ばすかのようにイスラエル人の人質を維持し、イスラエル軍への攻撃を続けているのか、と疑問に思うかもしれない。

しかし、ガザの人々の多数はイスラエルを非難することはあっても、ハマスを非難したり、ハマスにイスラエルとの戦闘を止めることを求めたりしてはいないというのが現実なのである。イスラエルの攻撃によって人々は虫けらのように殺されていくが、だからと言って、イスラエルに命乞いをして生き延びたとしても生きるに値する生活はない、という認識が人々の多くにあると考えるしかない。そのようなガザの人々の認識そのものが占領の過酷な実態を映しているのである。

本書でも繰り返し引用した、在外政治局副局長のアブマルズークが2023年10月27日にロシア・トゥデイテレビに答えたインタビューの一部が、米国の親ユダヤ系シンクタンクMEMRI（中東報道研究機関＝Middle East Media Research Institute）のサイトで紹介された。「あなたたちは500キロメートル以上のトンネルを建設したのに、なぜ砲撃中に民間人が隠れる爆弾シェルターを建設しなかったのか?」という質問に対して、アブマルズークは次のように答えた。

「私たちがトンネルを建設したのは(イスラエルの爆撃機の)標的にされ、殺されることから身を守る他の方法がないからです。トンネルは私たち(ハマスの戦闘員)を飛行機から守るためのものです。私たちはトンネル内から戦っているのです。あなたも知っているように、ガザの75%の人々が難民であり、彼らを保護するのは国連の責任なのです。さらにジュネーブ条約によれば、占領下にある限り、すべてのサービスを提供するのは占領側の責任です」

MEMRIのコメントは付いていないが、親イスラエルのプロパガンダ機関とみなされているMEMRIがアブマルズークのこの言葉を引用してビデオクリップをつくって流しているのは、ガザの民間人の犠牲を顧みないハマスの非情さや無責任さを伝えようとする目的なのは明らかである。日本でも、X(旧ツイッター)で親イスラエルの人々がこのビデオクリップを流していた。この答えを聞いて、日本人のかなりの部分が「ハマスはひどい」と考えるかもしれない。イスラエルの封鎖下でガザの人々が経済的苦境に陥る中、ロケット開発・製造を進め、大規模なトンネル工事を行っていることについても、なぜ、その金を貧困者への支援や経済開発に使わないのかという疑問や批判が出てくるだろう。

しかし、パレスチナの7割を超える人々は、ハマスを批判するどころか、ハマスの越境攻撃は「正しかった」と考えているのである。さらに、人々の半数以上が「ハマスが勝利する」と考えているのは、6か月を経てもイスラエルに抗戦を続け、政治指導者のシンワールも、カッサーム軍団総司令官のデイフも、イスラエル軍に殺害されることも拘束されることもないということから来ているのだろう。

このアブマルズークのインタビューを見て、第4章で紹介した、ハマスの政治部門ナンバー2だったイスマイル・アブシャナブが2001年に語った言葉を思い出す。私が「ハマスは全体でどのくらいの家族を支援しているのか」と質問した時、シャナブは「我々ハマスが家族を支援することはない」「イスラエルとの間には圧倒的な力の差があるのだから、犠牲の差が出るのがあたり前だ。だが、我々は決して抵抗を諦めない。私たちは自分たちが犠牲を払うことによって、占領者に痛みを与え続ける。占領者が撤退するまで、私たちは抵抗を続ける」と語った。その話を聞いた時には、ハマスのスタンスがピンとこなかった。しかし、2023年10月7日の越境攻撃の後に起こったガザの悲惨な状況を見て、アブマルズークの言葉を聞き、さらにパレスチナ人の世論調査を見れば、アブシャナブの言葉の意味が分かる。インティファーダと同様に、ハマスが占領と戦うことは、戦闘員が死ぬだけでなく民衆の犠牲を強いることになる。しかし「犠牲を出し続けても、抵抗を止めない」というハマスのスタンスを、パレスチナ人の多くが共有しているということであろう。これだけの犠牲を出しても、イスラエルの占領を終わらせる戦いに意味と希望を見出すしかないというパレスチナの人々の思いを、ハマスやカッサーム軍団が担っているという構図が見えてくる。

第10章　ハマスとパレスチナの今後は？

イスラエルのメディアが自国の攻撃に疑いを示す

２０２４年3月25日、国連安全保障理事会はイスラエルとハマスに停戦を求める決議を採択した。それまで停戦案に繰り返し拒否権を行使してきた米国は棄権した。その時点でガザの死者は3万２０００人を超え、そのうち1万３０００人が子供という惨状であり、対応の遅さは国連安保理の無力さをさらけ出した。その2か月前の1月26日、国際司法裁判所（ＩＣＪ、オランダ・ハーグ）は南アフリカがイスラエルをジェノサイド（集団殺害）条約違反で提訴したのを受けて、イスラエルに対してガザのパレスチナ人へのジェノサイドを防ぐ「あらゆる措置」をとるよう命じる仮処分を出した。最終決定が下されるまでの間、一定の措置を示すことが必要と判断したもので、事態の深刻さを認識したうえでの暫定措置命令である。

イスラエルはガザの住宅地や民間地への攻撃について、「ハマスが民衆を人間の盾にとっている」と繰り返してきた。しかし、攻撃から1か月を過ぎてガザの死者が1万人を超えたころから、イスラエルの攻撃の異常さに対する批判が世界のメディアで出始めた。2023年11月25日付の「ニューヨークタイムズ」紙は「イスラエル軍の集中攻撃の下で、ガザの民間人の殺害は記録的な増加」というタイトルの記事で「ガザから報告された死傷者数を控えめに読んでも、イスラエル作戦中の死者数の増え方は今世紀に入ってからほとんど前例がない」という軍事専門家の見方を伝えた。この時点で死者1万4000人、子供と女性の死者が1万人。民間人の死者の多さについて、同紙は超大型爆弾の使用を指摘し、軍事専門家は「イスラエルが密集した都市部に超大型兵器を多用している。高層マンションを破壊できる米国製の2000ポンド（約1トン）爆弾も含まれており、驚くべきこと」と語った。

イスラエルの有力メディアである「ハアレツ」紙は12月9日、ガザ攻撃について「イスラエル軍はガザでの自制を失い、前例のない殺戮がデータで明らかに」という検証記事を掲載し、「今回の攻撃で民間人の死者の割合がこれほど高いのは、戦闘員と非戦闘員を区別する原則が守られなかったからではないか、あるいは（軍事目標を達成するために過度に民間の犠牲が出ることを禁止する）均衡性の原則を軽視していたからではないかと疑われるかもしれない」と書いた。

軍民を区別しない無差別攻撃と、軍事的に不均衡な攻撃は戦争犯罪を構成する要素であり、「ハアレツ」紙は自国の攻撃に戦争犯罪の疑いがあることを示したのである。

米国、英仏独、日本など「西側主要国」は、ハマスによる民間人殺害をテロとし、イスラエルの「自衛権」を認めるとしてガザ攻撃を支持した。しかし当初、1400人の市民が殺害されたとイスラエルが発表したハマスの攻撃の中身は、時間経過とともに変化した。

イスラエルは攻撃から約1か月後の11月10日に、死者数を1200人と下方修正した。死者の中に200人余りのハマス戦闘員が含まれていたという。イスラエルメディアによると、12月初めまでイスラエル当局は1133人の死者を確定、死者は兵士274人、警察官57人、地域の治安関係者38人で、残る764人が民間人と認定した。さらに、イスラエル軍による制圧作戦に巻き込まれ、かなりの数のイスラエル市民がハマス戦闘員とともに殺害されたことが、警察発表やメディア報道で明らかになってきた。襲撃で生き残ったユダヤ人女性から「駆けつけたイスラエル軍が、ハマスの戦闘員も、イスラエル人の人質も一緒に銃撃して殺害した」という証言がイスラエルのオンラインラジオのインタビューで流れた。また、米CNNはイスラエル政府から出た「ハマスが多数の乳児を惨殺した」と報じたが、その後、根拠がないと否定した。イスラエルが主張するハマス戦闘員が多数の女性をレイプしたという情報を裏づける証拠も2024年6月末の時点で出ていない。ハマスが越境攻撃でイスラエルの民間人を殺害したことは疑いようがないとしても、詳細な事実については戦闘終結後の調査に委ねられる。

イスラエルはガザを統治できない

ガザの人々の多数がハマスを批判せず、支持し続けていることを考える時、ハマスの越境攻撃以前のイスラエルの占領の実態を知る必要がある。

イスラエルの人権組織ベツェレム（B'Tselem）は、2000年からハマスの越境攻撃前の2023年9月までの、パレスチナ紛争によるすべての死者の氏名と死亡場所、死亡時の状況を集計している。

ベツェレムの集計では、同期間のイスラエル軍によるパレスチナ民間人の殺害数は1万1559人、逆に、パレスチナ人によるイスラエル民間人の殺害数は881人となっている。第2次インティファーダ期（2000年〜2005年）の6年間と、インティファーダ後（2006年〜2023年9月）に分けてみると、インティファーダ期は、パレスチナ人がイスラエル国内で民間人を殺害する「テロ」による死者数は683人。一方、イスラエル軍によって殺されたパレスチナ人は3458人。双方の死者数には5倍の開きがある。そして、インティファーダ後の17年間でパレスチナ側によるテロが激減したためにイスラエル人の死者は93人と急減したのに対して、イスラエル軍によるパレスチナ人の死者は６５４２人で、死者数の比率は約70倍となった。

インティファーダが終わってパレスチナ人による暴力が急減したにもかかわらず、イスラエル軍による暴力は緩和されない。つまり、パレスチナ人が占領下でおとなしくしていても、イスラエルの占領政策が穏便にはならないことを示している。パレスチナの人々は、この数字を日々、イスラエルによる占領の過酷な現実として生きているのである。

日本では「イスラエルの大規模攻撃によって、ガザのハマス体制が揺らぐ」とか「人々がハマスから離れる」という見方があるが、前述した２０２４年3月の世論調査では、停戦後の統治に何を望むかという問いについて、ガザ住民の回答は「ハマスが戻る」59％、「自治政府が戻る」33％で、「イスラエルがつくる地域政権」２％、「イスラエル軍支配」０％である。ガザの人々の「民意」を見る限り、ハマスを排除してイスラエルがガザを支配しても、実効性のある統治になるとは思えない。

世論調査から分かることは、イスラエルの占領や封鎖が続く限り、ガザの人々の多数がハマスから離れることはないということである。本書で書いたように、ハマスは過去の経験から、指導部を海外に置いている。イスラエルの攻撃で幹部が殺害され、イッズディン・カッサーム軍団の戦闘員の多くが死んでも、海外指導部が残っている限り組織が消えることはない。

ハマスの影響力はむしろ増していく

イスラエル軍の殺戮と破壊は連日、世界に発信されており、いったん、戦闘が終われば、世界に20億人いるイスラム教徒の間の国際的なネットワークを通して、慈善援助がガザに集まるだろう。父親を失ったり、家を失ったりした子供たちや家族への支援、病院や貧困家庭への援助はイスラム教徒の義務であり、イスラムの喜捨として、世界のモスクを通して、あるいはパレスチナのハマス系社会慈善団体を通してガザの人々に渡る。

それとは別に、ハマスの政治部門や軍事部門であるカッサーム軍団への資金援助も、膨大な額が集まるだろう。２０１４年7月から8月に50日間続いたイスラエルの攻撃でガザでは２２５１人が死に、10万戸近い住宅が被害を受けた。しかし、その後ロケット・ミサイルの開発や現地生産が加速され、一方で地下に５００キロメートル以上の戦闘用トンネルも掘られた。それだけの資金がハマスの軍事部門に集まったということである。ハマス指導部が公言したように、ハマスは社会組織への援助を流用する必要はないのだ。ただし、政治・軍事部門に集まる資金は民衆を助けるためには使われない。その資金すべてをイスラエルとの「聖戦」のために使うというのが原則だ。それを認めているのが、占領との戦いをハマスに託しているパレスチナ民衆の意識であろう。

激しいイスラエルの攻撃の後も、ハマスがパレスチナ人の多数に支持され、アラブ世界の民衆からの支援、さらに世界のイスラム教徒の支援を受けて、より強大となるという見通しは、多くの日本人にとっては想像もつかないことかもしれない。だが、ハマスとパレスチナ社会、イスラム世界の関係を考えれば不思議なことではない。

２０２４年のガザは年齢中央値19・５歳の若い社会であり、ガザ戦争で家族や兄弟を殺された子供たちはすぐに銃を持てる若者となり、復讐のためにハマスの戦闘員に志願するだろう。ハマスは弱体化するどころか、パレスチナ社会での影響力をさらに増すことになると私は見ている。むしろ、ヨルダン川西岸の自治政府を率いるファタハが、西岸でもガザでも影響力を決定的に失うのではないかと懸念する。前出の同年３月の世論調査では、西岸とガザを合わせた全パレスチナでハマスへの満足度が70％、ガザのハマス指導者シンワールへの満足度61％なのに対して、ファタハに対する満足度は27％、アッバス議長への満足度は14％という低さである。

「二国共存」を認めないのはイスラエルの右派だけ

日本人の多くが、ハマスはパレスチナ政治の異端だと思っているかもしれないが、現実はそうではない。ハマスの前史を扱った第2章で紹介したように、パレスチナの反英・反シオニズム闘争はイスラムの「ジハード（聖戦）」として始まり、それを引き継いだのがハマスである。

解放闘争を主導してきたファタハは、湾岸諸国や旧ソ連の支援を失って財政危機に陥った後、イスラエルとのオスロ合意に調印し、占領の終結とパレスチナ国家の樹立を目指した。私は、1993年9月にアラファトがホワイトハウスでオスロ合意の調印式に出席する前日、ワシントンの滞在先のホテルに集まった在米パレスチナ人の前で、突然、予定にない演説をする場に居合わせたことがある。アラファトは「エルサレムを首都とするパレスチナ国家を樹立する」とこぶしを上げて宣言した。オスロ合意は、アラファトにとって最後の解放闘争だったのである。しかし、交渉による占領終結は実現できず、第2次インティファーダが始まり、アラファトも斃（たお）れた。その後、2006年のパレスチナ自治評議会選挙でハマスが勝利したことは、かつてはファタハが担っていた占領との戦いをハマスに託す民衆の意思が示されたと考えるべきである。

ところが、国際社会は民主的選挙で選ばれたハマス政権を拒否した。この拒否は、ハマスへの拒否というだけでなく、パレスチナの民意への拒否でもあった。イスラエルはガザを封鎖し、２０２１年まで４度にわたってガザ攻撃を行い、西岸では入植地を増やし続けたのに、国際社会はイスラエルを抑えるために動こうとしなかった。その結果、ハマスの軍事部門カッサーム軍団による大規模な越境攻撃が起きた。ガザの民意の７割以上は、３万人以上の犠牲を出しながら「攻撃は正しかった」と答えた。

イスラエルのガザ攻撃が停戦した後も、国際社会が「ハマス抜きのガザ統治」と言い続ければ、国際社会とパレスチナの人々との乖離は続き、将来、新たな「越境攻撃」が起きることは避けられない。ハマスの越境攻撃によって、ガザを封鎖して〈ハマス＝パレスチナの民意〉を抑え込むイスラエルの戦略は崩れた。イスラエルと国際社会は安全保障の根本的な再検討を迫られている。

イスラエルが国と国民の平和と安全を守るためには、これまでネタニヤフ政権が否定してきたパレスチナ和平プロセスの再スタートしかない。和平の基盤は１９６７年の第３次中東戦争の後に採択された安保理決議２４２である。イスラエルが軍事占領した西岸、ガザ、東エルサレムから撤退し、パレスチナ独立国家が樹立され、アラブ諸国もイスラエルの生存権を認めるという「土地と和平の交換」の原則である。パレスチナ国家が樹立されれば、ハマスは軍事部門を解体して、政党として活動するしかなくなる。ハマス自身、2017年にハマス憲章を修正し、新政策文書で「第3次中東戦争前の境界で完全な主権のあるパレスチナ独立国家が樹立されれば、それを民族的コンセンサスに基づく解決策とみなす」とした。ハマスがイスラエルとパレスチナの「二国共存」を認めると宣言したわけである。すでにアラブ諸国も2002年のアラブ首脳会議で安保理決議242を受け入れ、イスラエルが占領地から撤退すれば、全アラブ諸国がイスラエルを承認すると決議した。パレスチナ国家の樹立を認めないのは、ネタニヤフ首相らイスラエルの右派ということになる。

パレスチナ国家が樹立されたらハマスはどうなるのか?

ハマスは政治的にイスラムを実施しようとするイスラム主義の運動であるが、信奉するイスラムは過激ではなく穏健であり、中庸であると強調している。また、キリスト教やユダヤ教などの異なる宗教や世俗主義や社会主義など異なる考え方への寛容さを唱えている。これはエジプトから始まった「ムスリム同胞団」系イスラム運動の特徴であり、アルカイダやイスラム国(IS)のような過激な行動や厳格な教義ではない、というアピールの意味もある。

イスラエルが占領地から撤退し、そこにパレスチナ国家が樹立され、ハマスがそれを民族国家として受け入れるという2017年新政策文書で述べたことは、そこで反イスラエルの武装闘争は終結するということである。もしパレスチナ国家の枠を超えて武装闘争を続ければ、パレスチナ政府から過激派として排除されることになる。

イスラエルには「ハマスの武装解除を信用できるのか」という声はあるだろう。しかし、1950年代に植民地解放闘争を経て独立したアジア、アフリカ、ラテンアメリカの植民地からの解放闘争組織でも、民族的な理念に基づく武装組織は、独立が達成されれば、武装解除して政治勢力になるのが通例だった。それはイスラエル自身が経験したことでもある。イスラエル独立前の英国統治下で、ユダヤ武装組織イルグンは、過激な反英武装闘争を行い、エルサレムにいまでもある最高級ホテル、キング・デイヴィッド・ホテル爆破事件（46年）という90人以上の死者を出すテロを起こしたが、独立後は政党リクードとなり、現在、ネタニヤフが率いている。

一方、米国はガザ戦争で、パレスチナ危機が中東危機を引き起こすことを改めて実感したはずだ。間近とされたイスラエルとサウジアラビアの国交正常化は後退し、イランの介入を警戒して地中海に米空母2隻を派遣する事態となった。さらに2024年4月にはイスラエル軍がシリアのイラン大使館領事部を爆撃して、イラン革命防衛隊の将校ら7人を殺害した後、イランがイスラエルに向けて300発を超えるミサイルやドローン攻撃を行った。イランが攻撃開始を通知したことから、イスラエルと米国がほとんどのミサイルを迎撃し、イスラエル国内で死者は出なかった。5日後にイスラエルがイラン中部を攻撃したが、被害はなく、イランも再報復しなかった。戦争には進まなかったものの、この間、世界に緊張が走った。パレスチナ危機が第5次中東戦争に進みかねない悪夢を垣間見た瞬間だった。

米国は湾岸戦争後にブッシュ（父）大統領がそうしたように、ガザ戦争が一段落したら中東和平プロセスを再開する道をとらざるを得ないだろう。湾岸戦争後に米国が中東和平プロセスに本腰を入れた当時、イスラエルのリクード政権は和平の動きに抵抗した。それに対して、イスラエル国民は1992年の総選挙で和平に積極的な労働党を15年ぶりで選挙に勝利させ、それがオスロ合意につながった。同様の和平への動きがイスラエル国内で起きる可能性もある。

戦争から平和への動きが生まれた例は、ハマスの越境攻撃のちょうど50年前、1973年10月6日に始まった第4次中東戦争でもあった。エジプト軍はスエズ運河を渡ってイスラエル軍が占領していたシナイ半島に攻め込んで奇襲攻撃をかけ、歴史上初めて、アラブ軍がイスラエル軍に打撃を与えた。その後、イスラエル軍は反転攻勢に出て停戦となるが、その戦争の後、サダト大統領が電撃的なエルサレム訪問を行い、米国の仲介によるキャンプ・デービッド合意へと進み、エジプト・イスラエル平和条約が結ばれた。

中東では、戦争と平和はまさに表裏一体である。ハマスが越境攻撃で200人以上の人質をとったことは、交渉に向かう戦略を持っていたことがうかがえる。人質の存在によって、イスラエルとハマスの停戦・休戦の交渉が動いている側面もある。希望的観測を交えて、この戦争の停戦後に、新たな中東和平の動きが出てくることを期待したい。しかし、その和平は、これまでのようにハマスを除外しては意味も実効性もないことを、国際社会は理解しなければならない。ハマスを交渉に加え、政治的な責任を負わせることで、和平自体が意味と実効性を持つようになる。

ハマスに求められる課題

ハマスが和平を実現するための当事者として扱われるならば、ハマス自体も組織としての課題に向き合わねばならなくなるだろう。

政治部門と軍事部門の指揮系統が分離し、政治部門も海外の政治局とガザの現地指導部があるなど、意思決定の分かりにくさを明確化する必要がある。政治指導部の政治局が海外にあるのは、イスラエル軍によってパレスチナ占領地で現地組織が根絶されても、組織として存続するためである。加えて、海外に指導部があることで国際的視野で問題に対応できる利点がある。本書でも指摘したように、オスロ合意への対応や、２００６年の選挙公約の策定は、現地だけに任せていては出てこない国際的な視野が生かされている。しかし、イスラム組織はモスクを中心に支持者を集めて社会運動を組織し、そこから政治運動も始まることから、支持者と距離的、心理的に離れた海外指導部の決定が、どこまでパレスチナの現地指導部や軍事指導部で実行されるのかという疑問もある。それは海外指導部と現地指導部の齟齬（そご）や対立が生まれる要因ともなるだろうし、国際的な視点から見れば、運動を統制しなければならない局面で、イスラエル占領下で戦う現場のメンバーの思いや感情が優先されたり、制御不能になったりしないかという懸念もある。

例えば、１９９４年から２００５年まで続いた自爆テロである。「殉教」としてイスラム的な正当化をしているが、身近に体験した私が考えても、被害者はもちろん、加害者にとっても非人間的な手法である。レストランやバス、ショッピングセンターなど一般の人々がいる場所での自爆は無差別殺戮となって、多くの民間人を殺傷することになる。

さらに２００１年9月11日の米同時多発テロ事件でも自爆手法が使われたため、米国主導で「地球規模の対テロ戦争」が始まった時、殉教／自爆テロを継続することは戦略的にもモラル的にも利益がないことは、ハマスの海外指導部には分かっていたはずである。当時、ガザの現地指導部の中で、米国で大学院に留学した経験を持つナンバー2のイスマイル・アブシャナブは殉教作戦に反対だった。しかし、ハマスが殉教／自爆テロを停止するのは２００５年の後半であり、９・11米同時多発テロ事件から４年が経過している。パレスチナの世論調査では、２００１年９月には自爆攻撃に対するパレスチナ人の支持は85％に達していた。圧倒的な軍事力を持つイスラエルに対抗する手法として、パレスチナ人が殉教／自爆テロを熱狂的に支持したことは想像できるが、民衆に煽(あお)られる形で殉教／自爆テロを続けたことが、パレスチナの反占領闘争への国際的な支持を低下させ、イスラエルの大規模な軍事作戦を許すことになった。

　また、ハマスがガザ支配で見せた民主主義や人権に対する意識や実践は、これまで政治局長を務めたムーサ・アブマルズークやハーリド・メシャアルの述べる論理的で開明的な言葉とは乖離がある。ガザの人権弁護士ラジ・スーラーニが「ハマスの統治は人権面でよいとは決して言えない」と指摘したように、ハマス警察による拷問などの人権問題、ジャーナリストや活動家に対する言論統制などについてハマスの幹部やメンバーの意識と行動を変える必要がある。２０２３年10月７日の越境攻撃による民間人への暴力についても、「イスラムは民間人への暴力を禁止している」と建前を述べるだけではなく、調査をして、逸脱した行為があった場合は法的に対応する必要がある。人権や人道がからむ基本的な問題について、ハマスの指導部がメンバーの悪行を過小評価したり、擁護したりすれば、ハマスは政治組織としての信頼を得ることはできないだろう。

とはいえ、今回のイスラエル軍のガザ攻撃に人権・人道面で重大な問題があることが世界にさらされた。民間人殺害の規模は、ハマスの攻撃の比ではない。国際社会はイスラエルの占領そのものの非人道性を認識し、ハマスをファタハと同様にパレスチナ人を代表する主要政治勢力と認定して和平プロセスに参加させることが、ハマスにも変化を促し、イスラエル・パレスチナ紛争の解決につながるだろう。

おわりに

本書は２０２３年10月７日のハマスによる越境攻撃の後、イスラエルによるガザへの激しい報復攻撃が始まり、11月初めに１か月で１万人を超える死者が出たころから書き始めた。２０２４年春、原稿を書き上げても攻撃は続き、３月に死者は３万人を超えた。さらに攻撃から８か月が過ぎた６月、原稿の点検作業をしているいまもなお、攻撃は続いている。死者は３万７０００人を超え、そのうちガザの教育省の発表で、子供の死者が１万５０００人を超えた。

私はガザには数え切れないほど取材で入ったが、そのたびに思うのは子供の多さである。２０２４年のガザの年齢中央値は19・５歳。つまり、人口の半分が10代以下である。取材で訪ねた家で、兄弟家族が一緒に暮らしているところでは10人以上の子供がいることもある。街で遊んでいる子供や、市場で働いている子供など、街のいたるところに子供がいる。

取材で聞くガザの状況は厳しいが、子供が多いことから、ガザの印象は賑（にぎ）やかで明るい。子供の屈託のない明るさが社会の希望であり、家族の希望なのだという実感があった。しかし、今回のイスラエルのガザ攻撃で、毎日のようにインターネットを通して、子供が亡くなったり、傷ついたりしているニュース映像が流れてきた。子供を両腕に抱いて慟哭する父親、小さな白い布に包まれた子供の遺体を抱きしめる母親など、胸が痛くなる映像である。子供のおびただしい死によって希望は絶望へと変わる。

子供の死者1万5000という数字の異常さは、国連が毎年発表している世界の紛争・戦争での子供の死者が、2020年2674人、2021年2515人、2022年2985人であることを見れば明瞭である。世界中の紛争で1年間に子供の死者は3000人以下であり、イスラエル軍の8か月間の攻撃で、世界地図では点にしかならないガザで世界全体の5年分以上の子供が死んでいる。さらに異常なのは、米国を始めとする米欧諸国がイスラエルに武器・弾薬を供給し続けたことであり、日本も含めて、〝西側〟主要国が、イスラエルの「自衛権」を支持し続け、本気で停戦を求めなかったことである。

この間、原稿を執筆し、点検作業を行いながら、日本と世界のメディアの新聞、テレビの日々の報道を見ると、メディアが描く「戦争」の構図は、ハマスという「反イスラエル」のイスラム過激派組織がイスラエル国内で「テロ」を実施し、それに対して、イスラエルが「対テロ戦争」を行っているというものだ。メディアが問うのはイスラエルのガザ攻撃が「過剰かどうか」である。しかし、子供の死者数を見ただけでも「過剰かどうか」に議論の余地はない。

問題は「戦争犯罪」というしかない「過剰な攻撃」が、なぜ起こっているのかであり、なぜ、それが停まらないで続いているのか、である。

その理由の一つは、ハマスの越境攻撃と、イスラエル軍の報復攻撃の背景にイスラエルによるパレスチナ占領があるという事実が、報道から、ほとんど抜け落ちていることである。その代わりに、2000年前から続くパレスチナを巡るユダヤ人とアラブ人との民族上の争いであるとか、エルサレムというユダヤ教、キリスト教、イスラム教の共通の聖地を巡る宗教戦争というような説明、解説がなされる。つまりそれは、民族間、または宗教間における暴力の応酬という見方であり、紛争は双方の暴力の連鎖だという見方である。これでは、8か月間でパレスチナ人の子供1万5000人を殺害したイスラエルという暴力の主体が抜け落ち、イスラエルが国家として半世紀以上にわたってパレスチナを軍事占領しているという暴力の起点も見えなくなる。

「ガザ戦争」では、ハマスの軍事部門が地下トンネルに潜んでゲリラ戦を展開していることもあり、ガザからの映像にハマスの戦闘員が出てくることはまずない。結果的にイスラエルが「テロ組織」の掃討作戦を行っているような一方的な図式となる。世界や日本のメディアの報道でも、国際社会の「過剰な攻撃」という批判に対して、イスラエルのネタニヤフ首相の言い分は必ず出てくるが、ハマスの政治指導者の主張はほとんど出てこない。新聞でもテレビでも雑誌でも、一方の当事者であるハマスという組織がどのような組織なのかが取り上げられることはほとんどない。

ハマスだって暴力の主体だろう、という声があるだろう。もちろんそうだが、暴力はハマスから始まるのではなく、イスラエルの軍事占領という日常的な暴力が最初にある。しかし、メディアの報道では、占領という日常的な暴力はニュースにならず、パレスチナの武装勢力が暴力的に反抗して初めて、ニュースとなる。そのことは、私自身が新聞社のエルサレム特派員として身近にハマスの自爆テロが起きた時のこととして書いた通りだ。

今回のイスラエルのガザ攻撃でも、ハマスの越境攻撃から報道が始まり、それに対するイスラエルの「自衛の戦争」が始まるという報道となった。しかし、ハマスの越境攻撃もまた、イスラエルの占領に対する反抗暴力である。占領実態を端的に示すのは、ヨルダン川西岸でのユダヤ人入植地の増加、拡大である。イスラエルの平和組織「ピース・ナウ」によると、オスロ合意が締結された１９９３年の入植地人口は11万６０００人、２００６年にハマスがパレスチナ自治評議会選挙で勝利した都市の入植地人口は26万人、２０２４年には50万人に達するという予測もある。

ハマスが支配するガザには入植地はないが、２００７年以降、国際法が禁ずる「集団懲罰」にあたる非人道的な封鎖が続き、さらに4回のガザ攻撃が繰り返された。封鎖も包囲攻撃もまた、イスラエルの占領政策なのである。

本書を執筆しながら、２００1年から２００２年にかけて朝日新聞の特派員としてエルサレムに駐在した時の取材の記憶をたどり、当時のインタビューを改めて聞き直した。支局の近くで起きたハマスの自爆テロの現場を訪れた時のことなどは、まざまざとその場面を思い出すこととなった。

エルサレムに駐在する外国人ジャーナリストは、対立するイスラエルとパレスチナを同時に扱うことになり、常にその立場が問われる。どちらかに肩入れすることはないという意味では「中立」だが、それは両方の当事者から距離を置く、中間的な立場ということではない。戦争報道においては、ジャーナリストは戦争の犠牲になる市民の立ち位置をとる。つまり、平和を望む立場である。戦争や暴力の原因を探り、状況を悪化させる問題を追跡し、一方で、平和につながる動きに光をあてる。

私がエルサレムに駐在していた２００1年9月に、イスラエルの高校生40人ほどが当時のシャロン首相に対して、「パレスチナ人の抑圧に関わるのを拒否する」として兵役を拒否する手紙を出した。私は特集を組むなどしてそれを報道した。イスラエルの中では小さな動きではあったが、もし将来、イスラエルとパレスチナの和平が実現するとすれば、イスラエルの占領や入植地拡大に反対する市民の声が大きくなる時だと考える。

本書の執筆にあたり、ハマスに焦点をあてて、私自身のハマスについての取材経験をたどりつつ、ハマスの指導者などのインタビューや著作、報道を網羅的に調べた。その結論として、ハマスがパレスチナ国家の重要な担い手になることは否定できないと考える。イスラエルのネタニヤフ首相は「ハマス壊滅」を掲げて停戦を拒否し、ガザ攻撃を続けている。「ハマス壊滅」は米国のバイデン大統領も支持し、欧州や日本も、同様の主張である。

しかし、攻撃開始から9か月になろうとしているのに、壊滅どころか、制圧したはずのガザ北部でなお戦闘が続き、イスラエル軍の死者が出続けていることを考えれば、軍事的にも政治的にも「ハマス壊滅」は不可能と思われる。それはハマスがパレスチナ民衆とつながり、民衆に支えられているからである。6月19日にはイスラエル軍報道官が「ハマスの壊滅は達成不可能」と発言し、停戦拒否してハマス壊滅を求める首相のネタニヤフに異論を唱えた。

イスラエルはこれまでのガザ攻撃で、民衆とハマスのつながりを切ろうとして民間人の住む地域への意図的な攻撃を激化させ、大半は非戦闘員である3万7000人を殺害し、住民の大半を難民化させたが、住民の多数がハマスを支持する状況は変わらない。イスラエル軍報道官の「ハマスの壊滅は不可能」という発言は軍事作戦の失敗を認めたものとも言える。パレスチナの民衆はイスラエルによるガザへの攻撃がハマスに向けられたものではなく、占領地からパレスチナ人を排除しようとするイスラエルの占領政策だと理解していたのである。

パレスチナ民衆だけでなく、イスラエル民衆にとっても、不可能な「ハマス壊滅」を続けて、ガザの人道危機を悪化させるよりも、イスラエルによるパレスチナ占領の終結を達成する方がより現実的である。占領が終結してパレスチナ独立国家が実現すれば、占領と戦っているハマスの軍事部門は解体されることになるだろう。ハマスを排除したパレスチナの未来を考えてもパレスチナ民衆の多数が占領と戦うハマスを支持しているという現実から乖離するだけで、パレスチナとイスラエルの両方の平和につながらないことは明白である。

本書でも指摘したように、ガザを支配するハマスの統治に人権面や言論の自由などの面で大きな課題があるが、イスラエルの占領と戦っていることが、免罪になっている面がある。占領が終われば、ハマスの軍事部門が不要となるだけでなく、イスラエルを敵視するハマスの政治的強硬派は、民衆の支持を失い、ハマスの穏健派が力を得ることになるだろう。イスラエルの占領終結と、パレスチナ国家の樹立によってイスラエルとパレスチナの2国共存が実現されたとしても政治的、経済的、社会的、宗教的、文化的などあらゆる面で相互協力が必要となる。約1000万のイスラエル人口のうちの200万はパレスチナ人と同様のアラブ人であり、パレスチナ問題解決の大きな課題であるパレスチナ難民の帰還権の実施（帰還または補償）のためにも、イスラエルとパレスチナの協力は不可欠である。

パレスチナの知識人を象徴する存在だった故エドワード・サイードはパレスチナの立場を追求しながらも、ユダヤ人との対話や交流を続けてきた。2003年、第2次インティファーダが最も激しかったころ、米国の大学で講演した時に、イスラエルとパレスチナの紛争について語った言葉がある。「人々は何世代にもわたって互いを憎んでおり、常に憎み合うだろうというのは真実ではない。すべての人間の対立は人間によってつくられているのだから、人間によって解決できる」。彼は「状況は絶望的に見えるが、私は楽観的である」と語った。

私もイスラエルのガザ攻撃によって日々引き起こされる途方もない死と破壊に接して絶望的になる中で、サイードの言葉に励まされる気がする。

本書は、ハマスという日本人にとっては見えにくい存在、日本人が見ないようにしてきた存在をジャーナリズムの視点から、その実像に光をあてようとしたものである。日本政府と日本人がパレスチナに関わる限り、ハマスと関わらないわけにはいかない。何事も相手を理解することから始めるしかないのだ。本書がハマスを知るための一助となれば幸いである。

本書の刊行に際しては、集英社新書編集部の千葉直樹氏と伊藤亮氏にお世話になった。記して厚く謝意を表したい。

なお、新聞社の特派員時代もフリーランスになってからも中東で危険の伴う取材を支えてくれた妻に感謝を伝えたい。

2024年6月26日

川上泰徳

参考文献

al-Shaykh Ahmad Yasin shahid ala asr al-intifadah Ahmad Mansur, 2004
al-Shaykh Ahmad Yasin hayaatuh wa jihaduh Atif Adwan, 1991
Khalid al-Hurub, *Hamas: al-fikr wa-al-mumarasah al-siyasiyah*, 1996
Hamas-harakat almuqawamat al'islamia-khalid namir 'abu eamrin, 2000
Walid Khalidi, From Heaven to Conquest: Readings in Zionism and the Palestine until 1948,1971
Azzam Tamimi, *Hamas: Unwritten Chapters*, 2007
Azzam Tamimi, *Palestine Question and Islamic Movement: The Ikhwan (Muslim Brotherhood) Roots of Hamas*「イスラーム世界研究」第1巻第1号、２００７年
Sara Roy, *Hamas and Civil Society in Gaza: Engaging the Islamist Social Sector*, Princeton University Press, 2013
Sara Roy, *The Gaza Strip: The Political Economy of De-development* (Expanded Third Edition), Institute for Palestine Studies, 2016
岡真理『ガザに地下鉄が走る日』みすず書房、２０１８年
川上泰徳『イスラムを生きる人びと——伝統と「革命」のあいだで』岩波書店、２０１２年
川上泰徳『中東の現場を歩く——激動20年の取材のディテール』合同出版、２０１５年
サイード・アブデルワーヘド著『ガザ通信』岡真理、ＴＵＰ訳、志葉玲・写真、青土社、２００９年

サラ・ロイ著『ホロコーストからガザへ――パレスチナ政治経済学』岡真理、小田切拓、早尾貴紀編訳、青土社、2009年
清水雅子「ハマース結成の理念――イスラーム抵抗運動『ハマース』憲章」「イスラーム世界研究」第4巻第1・2号、2011年
鈴木啓之「ハマース憲章全訳――パレスチナ抵抗運動の一側面へのアプローチ」「アジア・アフリカ言語文化研究」第82号、2011年
鈴木啓之『蜂起〈インティファーダ〉――占領下のパレスチナ 1967-1993』東京大学出版会、2020年
ハサン・バンナー著『ムスリム同胞団の思想――ハサン・バンナー論考集』（上・下）北澤義之、高岡豊、横田貴之、福永浩一編訳、岩波書店、2015年
横田貴之『現代エジプトにおけるイスラームと大衆運動』ナカニシヤ出版、2006年
ラシード・ハーリディー著『パレスチナ戦争――入植者植民地主義と抵抗の百年史』鈴木啓之、山本健介、金城美幸編訳、法政大学出版局、2023年

川上泰徳(かわかみ やすのり)

一九五六年生まれ。中東ジャーナリスト。元朝日新聞記者・編集委員。カイロ、エルサレム、バグダッドに特派員として駐在し、イラク戦争や「アラブの春」を取材。中東報道で二〇〇二年度ボーン・上田記念国際記者賞を受賞。著書に、『イラク零年』『シャティーラの記憶 パレスチナ難民キャンプの70年』『中東の現場を歩く』『「イスラム国」はテロの元凶ではない』などがある。

集英社新書一二二六A

ハマスの実像

二〇二四年八月一四日 第一刷発行

著者……川上泰徳

発行者……樋口尚也

発行所……株式会社集英社

東京都千代田区一ツ橋二-五-一〇 郵便番号一〇一-八〇五〇

電話 〇三-三二三〇-六三九一(編集部)
〇三-三二三〇-六〇八〇(読者係)
〇三-三二三〇-六三九三(販売部)書店専用

装幀……原 研哉

印刷所……大日本印刷株式会社 TOPPAN株式会社

製本所……加藤製本株式会社

定価はカバーに表示してあります。

ISBN 978-4-08-721326-3 C0231

Printed in Japan

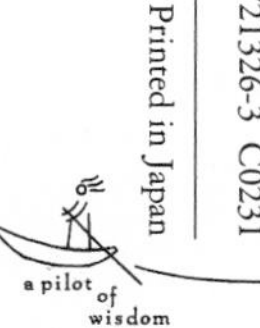

集英社新書　好評既刊

政治・経済——A

日本会議　戦前回帰への情念　山崎雅弘
不平等をめぐる戦争　グローバル税制は可能か？　上村雄彦
中央銀行は持ちこたえられるか　河村小百合
近代天皇論　——「神聖」か、「象徴」か　片山杜秀／島薗進
地方議会を再生する　相川俊英
ビッグデータの支配とプライバシー危機　宮下紘
スノーデン　日本への警告　エドワード・スノーデン／青木理 ほか
閉じてゆく帝国と逆説の21世紀経済　水野和夫
新・日米安保論　柳澤協二／伊勢﨑賢治／加藤朗
世界を動かす巨人たち〈経済人編〉　池上彰
アジア辺境論　これが日本の生きる道　内田樹／姜尚中
ナチスの「手口」と緊急事態条項　長谷部恭男／石田勇治
「在日」を生きる　ある詩人の闘争史　金時鐘／佐高信
改憲的護憲論　松竹伸幸
決断のとき——トモダチ作戦と涙の基金　小泉純一郎／取材・構成 常井健一
公文書問題　日本の「闇」の核心　瀬畑源
国体論　菊と星条旗　白井聡
広告が憲法を殺す日　本間龍／南部義典
よみがえる戦時体制　治安体制の歴史と現在　荻野富士夫
権力と新聞の大問題　望月衣塑子／マーティン・ファクラー
「改憲」の論点　木村草太／青井未帆 ほか
保守と大東亜戦争　中島岳志
富山は日本のスウェーデン　井手英策
スノーデン　監視大国　日本を語る　エドワード・スノーデン／国谷裕子 ほか
「働き方改革」の嘘　久原穏
国権と民権　佐高信／早野透
限界の現代史　内藤正典
除染と国家　21世紀最悪の公共事業　日野行介
安倍政治　100のファクトチェック　南彰／望月衣塑子
「通貨」の正体　浜矩子
隠された奴隷制　植村邦彦
未来への大分岐　マルクス・ガブリエル／マイケル・ハート／ポール・メイソン／斎藤幸平・編
「国連式」世界で戦う仕事術　滝澤三郎

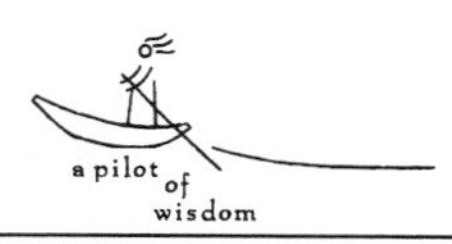

- 国家と記録 政府はなぜ公文書を隠すのか？　瀬畑 源
- 水道、再び公営化！ 欧州・水の闘いから日本が学ぶこと　岸本 聡子
- 改訂版 著作権とは何か 文化と創造のゆくえ　福井 健策
- 朝鮮半島と日本の未来　姜 尚中
- 人新世の「資本論」　斎藤 幸平
- 国対委員長　辻元 清美
- アフリカ 人類の未来を握る大陸　別府正一郎
- 〈全条項分析〉日米地位協定の真実　松竹 伸幸
- 日本再生のための「プランB」　兪 炳匡
- 新世界秩序と日本の未来　内田 樹／姜 尚中
- 世界大麻経済戦争　矢部 武
- 中国共産党帝国とウイグル　橋爪大三郎／中田 考
- 安倍晋三と菅直人　尾中香尚里
- ジャーナリズムの役割は空気を壊すこと　森 達也／望月衣塑子
- 代表制民主主義はなぜ失敗したのか　藤井 達夫
- 会社ではネガティブな人を活かしなさい　友原 章典
- 自衛隊海外派遣 隠された「戦地」の現実　布施 祐仁

- 北朝鮮 拉致問題 極秘文書から見える真実　有田 芳生
- アフガニスタンの教訓 挑戦される国際秩序　山本 忠通／内藤 正典
- 原発再稼働 葬られた過酷事故の教訓　日野 行介
- 北朝鮮とイラン　福原 裕二／吉村慎太郎
- 歴史から学ぶ 相続の考え方　神山 敏夫
- 非戦の安全保障論　柳澤 協二／伊勢﨑 賢治／加藤 朗／林 吉永
- 西山太吉 最後の告白　西山 太吉／佐高 信
- 日本酒外交 酒サムライ外交官、世界を行く　門司健次郎
- 日本の電機産業はなぜ凋落したのか　桂 幹
- ウクライナ侵攻とグローバル・サウス　別府正一郎
- 日本が滅びる前に 明石モデルがひらく国家の未来　泉 房穂
- イスラエル軍元兵士が語る非戦論　ダニー・ネフセタイ
- 戦争はどうすれば終わるか？　柳澤 協二／伊勢﨑 賢治／加藤 朗／林 吉永
- 全身ジャーナリスト　田原総一朗
- 自壊する欧米 ガザ危機が問うダブルスタンダード　内藤 正典／三牧 聖子
- 誰も書かなかった統一教会　有田 芳生
- 自由とセキュリティ　杉田 敦

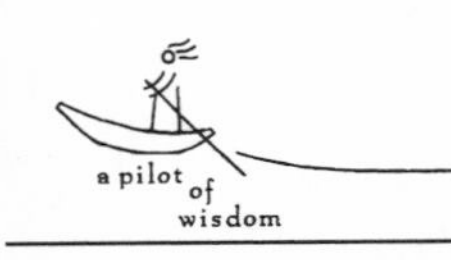
a pilot of wisdom